suhrkamp taschenbuch
wissenschaft 6

Jean Piaget, geboren 1896, ist Professor für Experimentelle Psychologie und Genetische Epistemologie an der Universität Genf. Seine wichtigsten Publikationen im Deutschen sind: *Die Bildung des Zeitbegriffs beim Kinde, Das Erwachen der Intelligenz beim Kinde, Das moralische Urteil beim Kinde, Nachahmung, Spiel und Traum, Psychologie der Intelligenz, Sprechen und Denken des Kindes, Theorien und Methoden der modernen Erziehung, Urteil und Denkprozeß des Kindes.*

Der vorliegende Band enthält vier Vorlesungen, die Piaget 1968 an der Columbia Universität hielt. In diesen Abhandlungen, die Piagets epistemologische Forschungen zusammenfassen, wird das klassische Problem der Erkenntnistheorie neu formuliert und zugleich in dem für Piaget spezifischen Ansatz zu lösen versucht: Während die philosophische Tradition nach dem Wesen und der Möglichkeit von Erkenntnis im allgemeinen fragt, ist der leitende Gesichtspunkt für Piaget: »Wie kommt Erkenntnis zustande?« Diese Frage impliziert — im Unterschied zu einem spekulativen philosophischen Zugang — den Versuch, Erkenntnis durch ihre Bildung und Entwicklung zu erklären.

Jean Piaget
Einführung in die genetische Erkenntnistheorie

Suhrkamp

Aus dem Amerikanischen von Friedhelm Herborth
Titel der Originalausgabe »Genetic Epistemology«, translated by Eleanor
Duckworth. Erschienen bei Columbia University Press, New York and London.

suhrkamp taschenbuch wissenschaft 6
Erste Auflage 1973
© 1970 Columbia University Press
© der deutschen Ausgabe Suhrkamp Verlag
Frankfurt am Main 1973
Suhrkamp Taschenbuch Verlag
Alle Rechte vorbehalten, insbesondere das des
öffentlichen Vortrags, der Übertragung durch
Rundfunk oder Fernsehen und der Übersetzung,
auch einzelner Teile.
Druck: Ebner, Ulm · Printed in Germany
Umschlag nach Entwürfen
von Willy Fleckhaus und Rolf Staudt

Inhalt

1. Vorlesung

Die genetische Erkenntnistheorie versucht, Erkennen, insbesondere wissenschaftliches Erkennen, durch seine Geschichte, seine Soziogenese und vor allem die psychologischen Ursprünge der Begriffe und Operationen, auf denen es beruht, zu erklären. Diese Begriffe und Operationen stammen zum großen Teil aus dem Alltagsbewußtsein, so daß ihre Ursprünge ihre Bedeutung für das und im Erkennen auf einer höheren Stufe erhellen können. Wo immer möglich, zieht die genetische Erkenntnistheorie auch Formalisierungen in Betracht – insbesondere logische Formalisierungen, die sich auf äquilibrierte Denkstrukturen und in bestimmten Fällen auf Transformationen von der einen zur nächsten Stufe in der Entwicklung des Denkens beziehen.

Diese knappe Darstellung der wesentlichen Perspektive der genetischen Erkenntnistheorie führt uns zu einem wichtigen Problem, nämlich der traditionellen philosophischen Auffassung der Erkenntnistheorie. Für viele Philosophen und Erkenntnistheoretiker ist Erkenntnistheorie die Untersuchung der Erkenntnis in ihrer gegenwärtigen Form; sie ist die Analyse der Erkenntnis um ihrer selbst willen und innerhalb ihres eigenen Bezugssystems ohne Rücksicht auf ihre Entwicklung. In den Augen dieser Philosophen mag die Rekonstruktion der Entwicklung von Vorstellungen oder der Entwicklung von Operationen für Historiker oder Psychologen interessant sein; für Erkenntnistheoretiker sei solches Tun jedenfalls von keiner unmittelbaren Bedeutung. Was ich in diesem Abschnitt skizziert habe, ist der Haupteinwand gegen die genetische Erkenntnistheorie.

Auf diesen Einwand können wir jedoch, wie mir scheint, folgendes entgegnen: Wissenschaftliches Erkennen ist in ständiger Evolution begriffen; es ändert sich von Tag zu Tag. Aus diesem Grunde können wir nicht sagen, daß es auf der einen Seite die Geschichte der Erkenntnis gibt und auf der anderen Seite den Stand, den sie heute erreicht hat, so als ob ihr gegenwärtiger Stand in irgendeinem Sinne endgültig oder auch nur stabil wäre. Der gegenwärtige Stand der Erkenntnis ist gewissermaßen eine Momentaufnahme in der Geschichte, deren Gegenstand sich ebenso schnell – in vielen Fällen schneller – ändert, wie sich der Erkenntnisstand in der Vergangenheit immer geändert hat. Wissenschaftliches Denken ist nicht Sache eines Augenblicks, ist nichts Statisches, sondern ein Prozeß. Genauer: es ist ein Prozeß kontinuierlicher Konstruktion und Reorganisation. Dies gilt für beinahe jeden Zweig wissenschaftlicher Forschung. Ich möchte das an zwei Beispielen illustrieren.

Das erste Beispiel, das beinahe schon als etwas Selbstverständliches angesehen wird, bezieht sich auf das Gebiet der modernen Physik oder – präziser – der Mikrophysik, wo sich der Stand der Erkenntnis von Monat zu Monat verändert und im Laufe eines Jahres einen erheblichen Wandel erfährt. In vielen Fällen vollziehen sich diese Veränderungen sogar innerhalb der Arbeit ein und desselben Autors, der seine Auffassung des Gegenstandes seiner Arbeit im Fortgang seiner Forschungen transformiert. Nehmen wir als ein spezifisches Beispiel Louis de

Broglie in Paris. Vor einigen Jahren war de Broglie ein Anhänger der Niels Bohrschen Lehre vom Indeterminismus. Mit der Kopenhagener Schule glaubte er, daß sich hinter dem Indeterminismus mikrophysikalischer Ereignisse kein Determinismus entdecken lasse, daß der Indeterminismus eine sehr tiefe Realität sei und daß man die Gründe für die Notwendigkeit dieses Indeterminismus demonstrieren könne. Nun, wie es so geht, neue Tatsachen veranlaßten de Broglie, seine Auffassung zu ändern, so daß er jetzt den genau entgegengesetzten Standpunkt vertritt. Wir haben hier also ein Beispiel für Transformation in wissenschaftlichem Denken, die sich nicht über mehrere aufeinander folgende Generationen hinzieht, sondern im Leben eines produktiv arbeitenden Wissenschaftlers stattfindet.

Nehmen wir das zweite Beispiel aus dem Bereich der Mathematik. Vor einigen Jahren hat die Gruppe von Mathematikern, die unter dem Namen Bourbaki publiziert, versucht, die Grundstrukturen der gesamten Mathematik zu isolieren. Bourbaki führte drei Mutterstrukturen ein: ein algebraische Struktur, eine Ordnungsstruktur und eine topologische Struktur, auf der dann die strukturalistische Schule der Mathematik aufgebaut wurde und die als die Grundlage aller mathematischen Strukturen, aus der alle anderen sich ableiten, angesehen wurde. Dieser so außerordentlich erfolgreiche Versuch der Bourbaki-Gruppe ist inzwischen – seit McLaine und Eilenberg den Begriff der Kategorien, d. h. Sätze von Elementen zusammen mit dem Satz aller durch sie definierten Funktionen, entwickelt haben – bis zu einem gewissen Grade unterminiert oder zumindest verändert worden. Heute ist ein Teil der Gruppe nicht mehr orthodox, sondern trägt dem neueren Begriff der Kategorien Rechnung. Hier haben wir ein weiteres Beispiel dafür, wie sich in einem wesentlichen Bereich wissenschaftlichen Denkens der Stand der Erkenntnis sehr schnell verändert hat.

Lassen Sie mich noch einmal wiederholen, daß wir nicht sagen können: auf der einen Seite gibt es die Geschichte des wissenschaftlichen Denkens und auf der anderen das wissenschaftliche Denken in seiner heutigen Form; es gibt nur eine kontinuierliche Transformation, eine kontinuierliche Reorganisation. Und diese Tatsache scheint mir darauf hinzudeuten, daß die historischen und psychologischen Faktoren in diesen Veränderungen für den Versuch, die Natur wissenschaftlicher Erkenntnis zu verstehen, von Bedeutung sind.[1]

An zwei Beispielen möchte ich verdeutlichen, wie sich die Genese moderner Ideen in der Wissenschaft im Lichte psychologischer oder soziologischer Bedingungen besser verstehen läßt. Das erste ist die Entwicklung der Mengenlehre durch Cantor. Cantor entwickelte diese Theorie auf der Basis einer sehr grundlegenden

---

[1] Eine andere, in philosophischen Kreisen oft vertretene Ansicht besagt, daß die Erkenntnistheorie im wesentlichen die Frage der Geltung der Wissenschaft, die Kriterien dieser Geltung und ihre Rechtfertigung untersucht. Gegen diesen Standpunkt wenden wir ein, daß die Untersuchung der Wissenschaft *wie sie ist* – als einer Tatsache – im Grunde belanglos ist. Die genetische Erkenntnistheorie, wie wir sie auffassen, versucht im Gegensatz zu jener Ansicht die Trennung von Normen und Tatsachen, von Wertung und Beschreibung aufzuheben. Wir glauben, daß sich die impliziten Werte und Normen, die die Wissenschaften bestimmen, inspirieren und lenken, nur in der wirklichen Entwicklung der Wissenschaften selbst entdecken lassen. Jede andere Einstellung, so scheint uns, führt dazu, der Erkenntnis relativ willkürlich die persönlichen Anschauungen eines isolierten Beobachters überzustülpen. Gerade dies möchten wir vermeiden.

Operation, nämlich der der Stück-für-Stück-Korrespondenz (oder, in der Terminologie der Mathematik, der der eineindeutigen Abbildung). Genauer: wenn wir zwischen der Reihe der ganzen Zahlen und der Reihe der geraden Zahlen eine Stück-für-Stück-Korrespondenz herstellen – d. h. jedem Element aus der einen ein Element aus der anderen Reihe zuordnen –, erhalten wir eine Zahl, die weder eine ganze Zahl noch eine gerade Zahl, sondern die erste transfinite Kardinalzahl, Alef, ist. Was es Cantor ermöglichte, die finite Zahlenreihe – die einzige, mit der bis dahin gearbeitet werden konnte – zu überschreiten, war also die sehr elementare Operation der Stück-für-Stück-Korrespondenz. Nun ist es interessant zu fragen, woher diese Operation der Stück-für-Stück-Korrespondenz kam. Cantor hat sie nicht in dem Sinne erfunden, in dem man eine von Grund auf neue Konstruktion erfindet. Er fand sie in seinem eigenen Denken; schon lange bevor er sich der Mathematik auch nur zuwandte, war sie bereits ein Teil seiner geistigen Ausstattung. Schon die einfachsten soziologischen oder psychologischen Beobachtungen zeigen, daß eine Stück-für-Stück-Korrespondenz eine primitive Operation ist. In allen Formen früher Gesellschaften bildet sie die Grundlage für den ökonomischen Austausch, und bei kleinen Kindern können wir ihre Wurzeln bereits vor der Stufe der konkreten Operationen beobachten. Die nächste Frage, die sich stellt, lautet: was ist die Natur dieser sehr elementaren Operation der Stück-für-Stück-Korrespondenz? Und wir werden gleich zu einer weiteren, eng damit zusammenhängenden Frage geführt: welche Beziehung besteht zwischen der Stück-für-Stück-Korrespondenz und der Entwicklung des Begriffs der natürlichen Zahlen? Rechtfertigt das so verbreitete Vorkommen der Operation der Stück-für-Stück-Korrespondenz die These von Russell und Whitehead, die Zahl sei die Klasse der äquivalenten Klassen (äquivalent im Sinne der Stück-für-Stück-Korrespondenz der Elemente der Klassen)? Oder beruhen die reellen Zahlen außer auf der Stück-für-Stück-Korrespondenz auch noch auf anderen Operationen? Diese letzte Frage werden wir später noch genauer untersuchen. Sie zeigt besonders deutlich, wie die Kenntnis der psychologischen Grundlagen eines Begriffs Folgen für das erkenntnistheoretische Verständnis dieses Begriffs hat. Durch das Studium der Entwicklung des Zahlbegriffs bei Kindern können wir erkennen, ob er ausschließlich auf dem Begriff der Klassen äquivalenter Klassen beruht oder ob auch andere Operationen an seiner Entwicklung beteiligt sind.

Ich möchte nun zum zweiten Beispiel übergehen und die folgende Frage stellen: warum war es Einstein möglich, eine neue operationelle Definition der Gleichzeitigkeit von räumlich voneinander entfernten Ereignissen zu geben? Warum konnte er den Newtonschen Begriff der universellen Zeit kritisieren, ohne dadurch eine tiefe Krise in der Physik auszulösen? Seine Kritik stützte sich natürlich auf experimentelle Befunde wie z. B. den Versuch von Michelson und Morley – das versteht sich von selbst. Trotzdem müßte es, wenn diese Neudefinition der Möglichkeit der Gleichzeitigkeit von weit voneinander entfernten Ereignissen unserer Logik widerspräche, zu einer erheblichen Krise der Physik gekommen sein. Wir hätten eine von zwei Möglichkeiten akzeptieren müssen: entweder ist die äußere Welt nicht rational oder der menschliche Verstand ist ohnmächtig – unfähig, die äußere Realität zu begreifen. Tatsächlich aber ist nichts dergleichen geschehen, hat es keinen derartigen Umbruch gegeben. Einige Metaphysiker (ich bitte die anwesenden Philosophen um Entschuldigung) wie Bergson oder Maritain waren durch diese Revolution in der Physik erschreckt, aber für die meisten handelte es sich ebensowenig um eine tiefgreifende Krise wie für die Wissenschaftler selbst. Warum aber gab es keine Krise? Es gab keine Krise, weil Gleichzeitigkeit kein primitiver Begriff ist. Sie ist kein primitives Konzept und nicht einmal eine primitive Wahrnehmung. Ich werde später ausführlicher auf diesen Punkt eingehen, im Augenblick möchte ich nur feststellen, daß unsere experimentellen Befunde gezeigt haben, daß Menschen Gleichzeitigkeit nicht sehr genau wahrnehmen. Wenn wir zwei sich in unterschiedlicher Geschwindigkeit bewegende Objekte betrachten, die dann gleichzeitig anhalten, haben wir keine adäquate Wahrnehmung davon, daß sie zur gleichen Zeit angehalten haben. Ähnliches beobachten wir bei Kindern, die noch keinen sehr exakten Begriff davon haben, was Gleichzeitigkeit ist; sie können sich Gleichzeitigkeit nicht unabhängig von der Geschwindigkeit vorstellen, mit der Objekte sich bewegen. Gleichzeitigkeit ist keine primitive Intuition, sie ist eine intellektuelle Konstruktion.

Lange vor Einstein hat Henri Poincaré wichtige Arbeit in der Analyse des Begriffs der Gleichzeitigkeit geleistet und dessen Komplexität sichtbar gemacht. Seine Studien führten ihn fast bis an die Schwelle der Entdeckung der Relativität. Wenn wir seine Aufsätze über dieses Thema – die, nebenbei gesagt, im Lichte der späteren Arbeit von Einstein betrachtet nur um so interessanter erscheinen –

heute lesen, sehen wir, daß seine Überlegungen beinahe ausschließlich auf psychologischen Argumenten beruhten. Später werde ich zeigen, daß der Begriff der Zeit und der Begriff der Gleichzeitigkeit beide auf dem Begriff der Geschwindigkeit, einer primitiveren Intuition, beruhen. Es gibt also vielerlei Gründe, psychologische Gründe, die erklären können, warum die durch die Relativitätstheorie ausgelöste Krise keine für die Pysik verhängnisvolle war. Sie hat vielmehr zu einer Neustrukturierung geführt, und die psychologischen Bahnen für diese Neustrukturierung lassen sich ebenso herausfinden wie ihre experimentellen und logischen Grundlagen. Einstein selbst hat die Bedeutung psychologischer Faktoren gesehen; als ich 1928 zum erstenmal Gelegenheit hatte, mit ihm zusammenzutreffen, sprach er mit mir über die Wichtigkeit, die Ursprünge der Begriffe der Zeit und insbesondere der Begriffe der Gleichzeitigkeit in der kindlichen Entwicklung zu untersuchen.

Was ich bisher gesagt habe, mag andeuten, daß es nützlich sein kann, psychologische Daten zu berücksichtigen, wenn man nach der Natur der Erkenntnis fragt. Ich möchte nun erläutern, daß dies nicht nur nützlich sein kann, sondern unerläßlich ist. Tatsächlich beziehen sich alle Erkenntnistheoretiker in ihren Analysen auf psychologische Faktoren, aber ihre Bezugnahmen auf die Psychologie sind in den meisten Fällen spekulativ und nicht auf psychologische Forschung gegründet. Ich bin überzeugt, daß es jede Erkenntnistheorie ebenso mit Tatsachenproblemen zu tun hat wie mit formalen Problemen; sowie man aber auf Tatsachenprobleme stößt, werden psychologische Befunde wichtig und sollten berücksichtigt werden. Es ist eine leidige Sache für die Psychologie, daß jedermann sich selbst für einen Psychologen hält. Dies gilt nicht für Gebiete wie die der Physik oder der Philosophie, doch für die Psychologie trifft es leider zu. Jedermann glaubt, er sei ein Psychologe. Das hat die Folge, daß ein Erkenntnistheoretiker sich nicht in der psychologischen Forschung kundig macht oder einen Psychologen zu Rate zieht, wenn er einen psychologischen Aspekt zu klären hat; er vertraut auf seine eigenen Überlegungen. In seinem privaten Versuch, das aufgetauchte psychologische Problem zu lösen, bringt er bestimmte Ideen und Beziehungen in seinem eigenen Denken in Verbindung. Lassen Sie mich einige Fälle aus der Erkenntnistheorie anführen, für die psychologische Befunde von Bedeutung sein können, obwohl es auf den ersten Blick so aussehen mag, als hätten sie mit dem Problem nichts zu tun.

Mein erstes Beispiel bezieht sich auf die Schule des logischen Positivismus. Die logischen Positivisten haben in ihrer Erkenntnistheorie niemals Psychologie in Betracht gezogen, aber sie behaupten, daß logische und mathematische Gebilde nichts anderes seien als sprachliche Strukturen. Das heißt, wenn wir Logik oder Mathematik treiben, besteht unsere Tätigkeit in der Anwendung der allgemeinen Syntax, der allgemeinen Semantik oder der allgemeinen Pragmatik im Sinne von Morris, die in diesem Falle eine allgemeine Regel des Sprachgebrauchs ist. Die Grundposition des logischen Positivismus läßt sich durch den Satz charakterisieren: logische und mathematische Realität ist von der Sprache abgeleitet. Logik und Mathematik sind nichts anderes als spezielle sprachliche Strukturen. Hier wird es nun wichtig, Tatsachen zu untersuchen. Wir können beobachten, ob Kinder sich in irgendeinem Sinne logisch verhalten, bevor die Sprachentwicklung begonnen hat. Wir können beobachten, ob die Koordinationen ihrer Handlungen eine Logik der Klassen, ein geordnetes System oder Korrespondenzstrukturen erkennen lassen. Wenn wir dann in den Handlungskoordinationen von Kleinkindern schon vor der Entwicklung der Sprache logische Strukturen finden, können wir nicht sagen, diese logischen Strukturen seien von der Sprache abgeleitet. Dies ist eine Frage von Tatsachen, an die man nicht mit Spekulationen herangehen sollte, sondern mit experimentellen Methoden, die objektive Ergebnisse erbringen. Das erste Prinzip der genetischen Erkenntnistheorie verlangt also, die Psychologie ernst zu nehmen. Die Psychologie ernst zu nehmen heißt, daß man, wenn sich psychologische Fragen ergeben, die psychologische Forschung zu Rate zieht, statt durch private Spekulation eine Lösung finden zu wollen. Nebenbei wird der Hinweis nützlich sein, daß sich seit den goldenen Tagen des logischen Positivismus die theoretische Position in der Linguistik selbst in ihr gerades Gegenteil verkehrt hat. Bloomfield hat zu seiner Zeit in vollständiger Übereinstimmung mit dem logischen Positivismus die sprachliche Auffassung der Logik vertreten. Gegenwärtig vertritt Chomsky bekanntlich die entgegengesetzte Position. Chomsky behauptet, daß nicht die Logik auf der Sprache beruhe und von ihr abgeleitet sei, sondern daß umgekehrt die Sprache auf der Logik, auf Vernunft beruhe, und er betrachtet diese Vernunft sogar als angeboren. Mit der Behauptung, daß sie angeboren sei, geht er vielleicht zu weit; dies ist wieder eine Frage, die durch die Erforschung von Tatsachen entschieden werden muß, ein weiteres Problem, das in den Bereich der Psychologie fällt. Zwischen dem Rationalismus, den Chomsky heute vertritt (und der besagt, daß Sprache auf Vernunft beruht, die als dem Menschen angeboren aufgefaßt wird), und der sprachlichen Auffassung der Logik durch die Positivisten (der zufolge Logik nichts anderes ist als eine sprachliche Konvention) gibt es eine ganze Reihe möglicher Lösungen; die Wahl zwischen diesen Lösungen muß auf der Grundlage von Fakten getroffen werden, das heißt: auf der Basis psychologischer Forschung. Solche Probleme lassen sich nicht durch Spekulation lösen.

Ich möchte nicht den Eindruck erwecken, die genetische Erkenntnistheorie beruhe ausschließlich auf der Psychologie. Im Gegenteil, logische Formalisierung ist jedesmal dann unbedingt notwendig, wenn wir einen Gegenstandsbereich überhaupt formalisieren können; jedesmal, wenn wir auf eine vollendete Struktur im Prozeß der Entwicklung des Denkens stoßen, versuchen wir in Zusammenarbeit mit Logikern oder Spezialisten auf dem von unserer Untersuchung betroffenen Gebiet, diese Struktur zu formalisieren. Dabei arbeiten wir mit der Hypothese, daß zwischen der psychologischen Entwicklung einerseits und der Formalisierung andererseits eine Korrespondenz besteht. Aber wenngleich wir die Bedeutung der Formalisierung in der Erkenntnistheorie anerkennen, sehen wir ebenso deutlich, daß die Formalisierung als solche nicht ausreichen kann. Wir haben versucht, auf Bereiche hinzuweisen, in denen psychologisches Experimentieren unerläßlich ist, um bestimmte erkenntnistheoretische Probleme zu erhellen; aber auch aus der Natur der Formalisierung selbst ergibt sich eine Reihe von Gründen, warum sie als solche nicht zureichend sein kann. Ich möchte drei dieser Gründe diskutieren.

Der erste Grund ist, daß es viele verschiedene Logiken gibt, nicht nur eine einzige. Das bedeutet, daß keine einzelne Logik stark genug ist, die Gesamtkonstruktion der menschlichen Erkenntnis zu tragen. Und es bedeutet auch, daß all die verschiedenen Logiken zusammengenommen kein genügend kohärentes Ganzes ergeben, das als Grundlage der menschlichen Erkenntnis dienen könnte. Jede Logik für sich ist zu schwach, aber alle Logiken zusammen sind zu reich, um »Logik« zu einer eindeutigen Erkenntnisbasis zu machen. Dies ist der erste Grund, warum Formalisierung allein nicht zureichend ist.

Der zweite Grund liegt im Gödelschen Theorem, aus dem folgt, daß der Formalisierung Grenzen gesetzt sind. Jedes widerspruchsfreie System, das genügend reich ist, um elementare Arithmetik zu enthalten, kann seine Widerspruchsfreiheit nicht selbst beweisen. Deshalb ergeben sich die folgenden Fragen: Logik ist eine Formalisierung, eine Axiomatisierung von etwas, aber wovon eigentlich? Was formalisiert die Logik? Dies ist ein schwieriges Problem. Im Grunde handelt es sich hier sogar um zwei Probleme. Jedes axiomatische System enthält die unbeweisbaren Sätze oder Axiome, aus denen die anderen Sätze bewiesen werden können, und ferner die undefinierbaren Grundbegriffe, mit denen die anderen Begriffe definiert werden können. Was liegt nun im Falle der Logik den unbeweisbaren Axiomen und den undefinierbaren Begriffen zugrunde? Wir haben hier das Problem des Strukturalismus in der Logik, ein Problem, das gleichzeitig die Unzulänglichkeit der Formalisierung als letzter Grundlage deutlich macht. Es zeigt die Notwendigkeit, ebenso wie die axiomatisierten logischen Systeme auch das Denken selbst zu untersuchen, denn die logischen Systeme entwickeln sich aus dem menschlichen Denken und behalten einen intuitiven Charakter.

Der dritte Grund, warum Formalisierung nicht genügt, liegt darin, daß die Erkenntnistheorie erklären will, wie sich Erkenntnis in den einzelnen Wissenschaften faktisch vollzieht, und diese Erkenntnis ist nicht rein formal: es treten andere Aspekte hinzu. In diesem Zusammenhang möchte ich einen Freund von mir zitieren, den verstorbenen Logiker Evert W. Beth. Beth war lange Zeit ein strenger Gegner der Psychologie im allgemeinen und der Einführung psychologischer Beobachtungen in den Bereich der Erkenntnistheorie im besonderen und aus diesem Grunde ein Gegner meiner eigenen Arbeit, die ja auf der Psychologie basiert. Desungeachtet hat Beth im Interesse der intellektuellen Konfrontation uns die Ehre erwiesen, zu einem unserer Symposien über genetische Erkenntnistheorie zu kommen, um sich die Fragen, die uns beschäftigten, näher anzusehen. Am Ende des Symposions kamen wir trotz seiner Befürchtungen im Hinblick auf Psychologen überein, gemeinsam ein Buch zu schreiben, das wir *Mathematische und psychologische Erkenntnistheorie* nannten. In seinem Schlußwort zu diesem Band schrieb Beth: »Aufgabe der Erkenntnistheorie ist es zu erklären, wie das menschliche Denken es vermag, wissenschaftliche Erkenntnis hervorzubringen. Um diese Aufgabe zu lösen, müssen wir eine bestimmte Beziehung zwischen Logik und Psychologie herstellen.« Diese programmatische Erklärung verlangt

nicht, die Psychologie solle direkt in die Logik einbezo-
gen werden – das ist selbstverständlich nicht möglich –,
aber sie fordert, in der Erkenntnistheorie der Logik *und*
der Psychologie Rechnung zu tragen, da die formalen
und empirischen Aspekte menschlicher Erkenntnis
gleichermaßen berücksichtigt werden müssen.

Kurz: die genetische Erkenntnistheorie hat es ebenso mit
der Bildung wie mit der Bedeutung von Erkenntnis zu
tun. Unser Problem läßt sich folgendermaßen formulieren: vermittels welcher Leistungen geht der menschliche
Geist von einem Stand weniger befriedigender Erkenntnis zu einem Stand höherer Erkenntnis über? Die Entscheidung darüber, was niedrigere oder weniger adäquate Erkenntnis und was höhere Erkenntnis ist,
impliziert natürlich formale und normative Aspekte. Es
ist nicht Sache der Psychologen zu entscheiden, ob ein
bestimmter Stand der Erkenntnis höher als ein anderer
ist oder nicht. Diese Entscheidung haben Logiker oder
die Spezialisten auf einem bestimmten Gebiet der Wissenschaft zu treffen. So ist es auf dem Feld der Physik Sache der Physiker zu entscheiden, ob eine bestimmte
Theorie einer anderen in gewissen Hinsichten überlegen
ist. Unser Problem in der Perspektive der Psychologie
und der genetischen Erkenntnistheorie ist es zu erklären,
wie der Übergang von einer niederen Stufe der Erkenntnis zu einer Stufe, die als höher beurteilt wird, sich vollzieht. Die Frage nach der Natur solcher Übergänge ist
eine Frage nach den Tatsachen. Später werde ich zu zeigen versuchen, daß diese Übergänge historische oder
psychologische, manchmal sogar biologische sind.

Die genetische Erkenntnistheorie geht also von der
Hypothese aus, daß zwischen dem Fortschritt in der lo-

gischen und rationalen Organisation der Erkenntnis und den entsprechenden psychologischen Formationsprozessen ein Parallelismus besteht. Wenn dies nun unsere Hypothese ist, worauf beziehen sich dann unsere Untersuchungen? Das fruchtbarste und sich am ehesten anbietende Feld der Untersuchung wäre natürlich die Rekonstruktion der menschlichen Geschichte – der Geschichte des menschlichen Denkens vom vorgeschichtlichen Menschen an. Doch leider wissen wir über die Psychologie des Neandertalers oder diejenige des *Homo siniensis* von Teilhard de Chardin nicht sehr viel. Da uns diese Dimension der Biogenese nicht zugänglich ist, werden wir uns wie die Biologen der Ontogenese zuwenden müssen. Denn nichts könnte der Untersuchung leichter zugänglich sein als die Ontogenese von Begriffen. Überall sind Kinder um uns, und die Entwicklung der logischen Erkenntnis, der mathematischen Erkenntnis, der physikalischen Erkenntnis und so fort könnten wir nirgendwo besser studieren als an Kindern. Dies sind die Themen, die ich im folgenden diskutieren werde.

So viel zur Einführung in dieses Arbeitsfeld. Ich möchte mich nun einigen spezifischen Fragen zuwenden und mit der Entwicklung der logischen Strukturen bei Kindern beginnen. Zunächst unterscheide ich zwischen zwei Aspekten des Denkens, die sich zwar komplementär zueinander verhalten, aber doch voneinander verschieden sind. Der eine ist der figurative Aspekt, den anderen nenne ich den operativen Aspekt. Der figurative Aspekt des Denkens besteht in der Imitation von als statisch aufgefaßten äußeren Zuständen. Die figurativen Funktionen im kognitiven Bereich sind in erster Linie Wahrnehmung, Nachahmung und geistiges Vorstellen, das nichts anderes ist als internalisierte Nachahmung. Der operative Aspekt des Denkens bezieht sich nicht auf Zustände, sondern auf Transformationen von einem Zustand in einen anderen. Er umfaßt die Objekte oder Zustände transformierenden Handlungen selbst ebenso wie die intellektuellen Operationen, die im Grunde Transformationssysteme darstellen. Solche Operationen sind Handlungen, die sich durchaus mit anderen Handlungen vergleichen lassen, aber reversibel sind; das heißt: sie können in beiden Richtungen ausgeführt werden (dies bedeutet, daß die Resultate der Handlung A durch die Handlung B – ihr Gegenteil – rückgängig gemacht werden können: das Produkt aus A und B ergibt die Identitätsoperation, die den Zustand unverändert läßt), und sie können interiorisiert werden, müssen also nicht wirklich, sondern können durch Repräsentation ausgeführt werden. Die figurativen Aspekte sind den operativen Aspekten immer untergeordnet. Jeder Zustand kann nur als Resultat bestimmter Transformationen oder als Ausgangspunkt für weitere Transformationen verstanden werden. Mit anderen Worten, der wesentliche Aspekt des Denkens ist in meiner Sicht der operative, nicht der figurative.

Um dieselbe Idee noch anders auszudrücken: ich glaube, daß menschliches Erkennen wesentlich aktiv ist. Erkennen heißt, Realität an Transformationssysteme zu assimilieren. Erkennen heißt, Realität zu transformieren, um zu verstehen, wie ein bestimmter Zustand zustande kommt. Durch diesen Gesichtspunkt befinde ich mich im Gegensatz zur Abbildtheorie der Erkenntnis, die Erkenntnis als ein passiv empfangenes Abbild der Realität auffaßt. Eine solche Vorstellung beruht auf einem Circulus vitiosus: um ein Abbild herzustellen, müssen wir das Vorbild kennen, das wir abbilden, aber dieser Erkenntnistheorie zufolge besteht die einzige Möglichkeit, das Vorbild zu erkennen, darin, es abzubilden; wir geraten so in einen Zirkel, ohne jemals wissen zu können, ob unser Abbild des Vorbildes diesem entspricht oder nicht. Nach meiner Ansicht bedeutet ein Objekt zu erkennen nicht, es abzubilden, sondern, auf es einzuwirken. Es bedeutet, Transformationssysteme zu konstruieren, die sich an oder mit diesem Objekt ausführen lassen. Oder: Realität erkennen heißt, Transformationssysteme zu konstruieren, die der Realität – mehr oder weniger adäquat – entsprechen, die Transformationen der Realität mehr oder weniger isomorph sind. Die Transformationsstrukturen, aus denen Erkenntnis besteht, sind nicht Abbilder der Transformationen in der Realität, sondern nur mögliche isomorphe Modelle, unter denen zu wählen die Erfahrung befähigen kann. Erkenntnis ist also ein System von Transformationen, die allmählich immer adäquater werden.

Man sagt, daß logische und mathematische Strukturen abstrakt seien, während empirische Erkenntnis – die auf allgemeiner Erfahrung beruhende Erkenntnis – konkret sei. Doch fragen wir, wovon logische und mathematische Erkenntnis abstrahiert ist. Es gibt zwei Möglichkeiten. Die erste ist die folgende: wenn wir auf ein Objekt einwirken, hat unsere Erkenntnis ihren Ursprung im Objekt selbst. Dies ist der allgemeine Gesichtspunkt des Empirismus, der im Falle experimenteller oder empirischer Erkenntnis im großen und ganzen richtig ist. Aber es gibt eine zweite Möglichkeit: wenn wir auf ein Objekt einwirken, können wir auch das Einwirken selbst – oder, wenn Sie wollen, die Operation – in Betracht ziehen, da die Transformation im Geiste ausgeführt werden kann. Nach dieser Hypothese ist das, wovon abstrahiert wird, nicht das Objekt, auf das eingewirkt wird, sondern das einwirkende Handeln. Mir scheint, daß dies die Grundlage der logischen und mathematischen Abstraktion ist. In Fällen, die sich auf die äußere Welt beziehen, ist die Abstraktion eine Abstraktion von den Objekten selbst. So kann ein Kind Gegenstände in seinen Händen abwägen und erkennen, daß sie verschiedenen Gewichts sind – daß große Gegenstände in der Regel mehr wiegen als kleine, daß aber manchmal auch umgekehrt kleine mehr wiegen als große. All dies findet es durch Erfahrung heraus, und seine Erkenntnis ist von den Objekten selbst abstrahiert. An einem ebenso einfachen Beispiel läßt sich zeigen, daß Erkenntnis nicht nur von Objekten, sondern auch von Handlungen, von der Koordination von Handlungen abstrahiert wird. Auf dieses Beispiel, eines, das wir an vielen Kindern sehr gründlich studiert haben, bin ich von einem befreundeten Mathematiker gebracht worden, der es als Ausgangspunkt seines Interesses an der Mathematik anführte. Als kleines Kind hatte er einmal Kieselsteine gezählt; er hatte sie in eine Zeile gelegt, von links nach rechts gezählt und war auf zehn gekommen. Nur so zum Spaß zählte er sie anschließend von rechts nach links, um zu sehen, welche Zahl er jetzt erhalten würde, und war erstaunt, als er wieder auf zehn kam. Er legte die Kiesel dann in einen Kreis, zählte sie, und wieder waren es zehn. Er zählte den Kreis in der anderen Richtung durch, und zählte auch auf diese Weise zehn. Und wie auch immer er die Kiesel anordnete, wenn er sie zählte, jedesmal kam er bis zur Zahl zehn. Er entdeckte hier, was in der Mathematik Kommutativität (Vertauschbarkeit) genannt wird: die Summe ist unabhängig von der Ordnung der Elemente. Aber wie entdeckte er dies? Ist diese Kommutativität eine Eigenschaft der Kieselsteine? Die Kieselsteine ließen es zu, sie in verschiedenen Weisen anzuordnen; mit Wassertropfen hätte er das nicht genauso tun können. In diesem Sinne war also zweifellos ein sinnlicher Aspekt in seiner Erkenntnis enthalten. Aber die Ordnung war nicht in den Kieselsteinen begründet; sie wurde von ihm hergestellt, er, das Subjekt, legte die Kiesel in eine Zeile und dann in einen Kreis. Darüber hinaus steckte die Summe nicht in den Kieselsteinen selbst; er, das Subjekt, vereinigte sie. Die Erkenntnis, die dieser künftige Mathematiker an jenem Tag entdeckte, hatte ihren Ursprung also nicht in den sinnlich wahrnehmbaren Eigenschaften der Kieselsteine, sondern in den Handlungen, die er mit ihnen ausführte. Solche Erkenntnis nenne ich logisch-mathematische Erkenntnis und nicht sinnliche oder empirische Erkenntnis.

Den ersten Typus der Abstraktion von Objekten werde ich als einfache Abstraktion bezeichnen, und den zweiten Typus als reflektive Abstraktion, wobei ich diesen Begriff in einem doppelten Sinne gebrauche. »Reflektiv« hat hier neben seiner Bedeutung in der Physik mindestens zwei psychologische Bedeutungen. In seinem physikalischen Sinne bezieht sich der Begriff »Reflexion« auf ein solches Phänomen wie die Reflexion eines Lichtstrahls von einer Oberfläche auf eine andere. In einem ersten psychologischen Sinne bedeutet Abstraktion die Transposition von einer hierarchischen Stufe auf eine andere (z. B. von der Stufe der Handlung zur Stufe der

Operation). In einem zweiten psychologischen Sinne bezieht sich Reflexion auf den geistigen oder inneren Prozeß der Reflexion, d. h. auf eine Neuorganisation auf der Stufe des Denkens.

Ich möchte nun zwischen zwei Typen von Handlungen oder Aktionen unterscheiden. Auf der einen Seite gibt es isolierte Handlungen wie werfen, stoßen, berühren, reiben. In der Regel sind es derartige isolierte Handlungen, die den Anlaß zur Abstraktion von Objekten bilden, zu Abstraktionen, die zum oben erwähnten Typus der einfachen Abstraktion gehören. Reflektive Abstraktion beruht demgegenüber nicht auf isolierten, sondern auf koordinierten Handlungen. Handlungen können in einer Reihe verschiedener Weisen koordiniert sein. Sie können z. B. miteinander verbunden sein; wir können dann von einer additiven Koordination sprechen. Oder sie können in einer zeitlichen Ordnung aufeinander folgen; dies können wir als eine geordnete oder sequentielle Koordination bezeichnen. Denn wenn bestimmte Handlungen notwendige Mittel für die Erreichung eines Zieles sind, gibt es im Hinblick auf die Organisation dieser Handlungen ein Vorher und ein Nachher. Eine weitere Form der Koordination von Handlungen ist das Zuordnen einer Handlung zu einer anderen. Eine vierte Form von Koordination liegt vor, wenn Handlungen sich überschneiden. Nun haben alle diese Koordinationsformen Parallelen in logischen Strukturen, und mir scheint, daß es derartige Koordinationen auf der Ebene der Handlung sind, die die Grundlage der sich später im Denken entwickelnden logischen Strukturen bilden. Genau dies ist unsere Hypothese: die Wurzeln des logischen Denkens dürfen nicht allein in der Sprache gesucht werden, obwohl sprachliche Koordinationen wichtig sind, sondern müssen allgemeiner in der Koordination von Handlungen gesucht werden, die die Grundlage der reflektiven Abstraktion bilden. Um der Vollständigkeit willen können wir hinzufügen, daß die Unterscheidung zwischen isolierten und koordinierten Handlungen natürlich nur eine graduelle ist, daß keine scharfe Grenze zwischen ihnen besteht. Selbst beim Stoßen, Berühren oder Reiben gibt es jeweils eine einfache Organisation kleinerer Handlungselemente.

Dies ist nur der Anfang einer Analyse, die sehr viel weiter zurückgehen könnte. In der genetischen Erkenntnistheorie wie auch in der Entwicklungspsychologie gibt es niemals einen absoluten Anfang. Wir können niemals bis zu dem Punkt zurückgehen, von dem wir sagen könnten: »Genau hier beginnen die logischen Strukturen.« Sobald wir anfangen, über die allgemeine Koordination von Handlungen zu sprechen, gehen wir weiter zurück auf das Gebiet der Biologie. Wie werden sofort zum Bereich der von McCulloch und Pitts erforschten Koordination innerhalb des Nervensystems und des neuronalen Netzwerks geführt. Und wenn wir dann nach den Wurzeln der Logik des Nervensystems, wie sie von diesen Forschern diskutiert wird, suchen, müssen wir wieder einen Schritt weiter gehen, und wir finden noch grundlegendere organische Koordinationen. Gehen wir dann weiter in den Bereich der vergleichenden Biologie, so finden wir Inklusionsstrukturen, die überall Entsprechungen oder Zuordnungen bedingen. Ich möchte hier nicht weiter auf die Biologie eingehen, sondern diese regressive Analyse nur zu ihren Anfängen in der Psychologie zurücklenken und noch einmal betonen, daß die Bildung der logischen und mathematischen Strukturen im menschlichen Denken sich nicht allein aus der Sprache erklären läßt, sondern ihre Wurzeln in der allgemeinen Koordination von Handlungen hat.

2. Vorlesung

Nachdem ich gezeigt habe, daß die Wurzeln logischer und mathematischer Strukturen in der schon vor der Entwicklung der Sprache vorhandenen Koordination von Handlungen liegen, möchte ich nun die Frage diskutieren, wie diese Handlungskoordinationen zu mentalen Operationen werden und wie diese Operationen Strukturen bilden. Ich beginne damit, das, was ich mit einer Operation meine, durch vier wesentliche Merkmale zu definieren.

Zunächst ist eine Operation eine Handlung, die interiorisiert werden kann; das heißt, sie kann ebenso im Denken wie in der äußeren Wirklichkeit ausgeführt werden. Zweitens ist sie eine reversible Handlung; das heißt, sie kann in der einen oder in der entgegengesetzten Richtung stattfinden. Dies gilt nicht für alle Handlungen. Wenn ich meine Pfeife zu Ende rauche, kann ich diese Handlung nicht umkehren, so daß die Pfeife schließlich wieder mit demselben Tabak gestopft ist. Ich muß den ganzen Vorgang wiederholen und sie mit neuem Tabak stopfen. Addition hingegen ist ein Beispiel für eine Operation. Ich kann zu eins eins hinzufügen und erhalte zwei, und ich kann von zwei eins abziehen, um wieder eins zu erhalten. Subtraktion ist nur die Umkehrung der Addition – genau dieselbe Operation, nur in der anderen Richtung ausgeführt. An dieser Stelle möchte ich zwei Formen von Reversibilität unterscheiden. Die erste ist Reversibilität durch Inversion oder Negation; z. B.: $+ A - A = 0$ oder $+ 1 - 1 = 0$. Die zweite ist Reversibilität durch Reziprozität. Hier handelt es sich nicht um eine Negation, sondern nur um eine Umkehrung der Ordnung; z. B. : A = B ist genauso richtig wie B = A. Das dritte Merkmal einer Operation ist, daß sie immer eine gewisse Erhaltung, eine Invariante, voraussetzt. Sie, die Operation, ist natürlich eine Transformation, da sie eine Handlung ist, aber sie ist eine Transformation, die nicht alles auf einmal transformiert, denn sonst wäre Reversibilität gar nicht möglich. So können wir im Falle der arithmetischen Addition die Weise transformieren, in der wir die einzelnen Elemente gruppieren. Wir können sagen: $5 + 1$ oder $4 + 2$ oder $3 + 3$, doch die Summe bleibt invariant. Das vierte Merkmal ist, daß keine Operation für sich allein besteht. Jede Operation ist auf ein System von Operationen bezogen, das wir gewöhnlich als Gesamtstruktur bezeichnen. Was wir mit Struktur meinen, möchte ich gleich definieren.

Eine Struktur ist eine Totalität, das heißt, sie ist ein System, das Gesetzen unterliegt, die für das System als solches gelten, nicht nur für das eine oder andere Element im System. Das System der ganzen Zahlen ist ein Beispiel für eine Struktur, denn hier gibt es Gesetze, die für die Reihe als solche gelten. In der Reihe der ganzen Zahlen lassen sich viele verschiedene mathematische Strukturen aufzeigen. Die additive Gruppe wäre ein Beispiel. Die Regeln der Assoziativität, der Kommutativität, der Transitivität und der Abschließung einer Addition gelten alle innerhalb der Reihe der ganzen Zahlen. Ein zweites Merkmal dieser Regeln ist es, daß sie alle Transformationsregeln sind; sie sind keine statischen Eigenschaften.

Im Falle der Addition ganzer Zahlen können wir eine Zahl in eine andere transformieren, indem wir ihr etwas hinzufügen. Das dritte Merkmal ist, daß eine Struktur selbstregelnd ist; das heißt, um diese Transformationsregeln anzuwenden, müssen wir uns nicht aus dem System herausbegeben, um ein externes Element zu finden. Und wenn eine Transformationsregel angewendet worden ist, liegt das Resultat nicht außerhalb des Systems. Um wieder auf die additive Gruppe zurückzukommen: wenn wir zu einer ganzen Zahl eine andere hinzufügen, müssen wir die Reihe der ganzen Zahlen nicht verlassen, um ein nicht in der Reihe enthaltenes Element zu suchen, und wenn wir die zwei ganzen Zahlen addiert haben, bleibt unser Resultat innerhalb der Reihe. Wir könnten auch dies als Abschließung bezeichnen, aber das bedeutet nicht, daß eine Struktur als eine Totalität sich nicht auf eine andere Struktur oder andere Strukturen als Totalitäten beziehen könnte. Jede Struktur kann eine Substruktur in einem größeren System sein. Es ist ohne Schwierigkeit ersichtlich, daß die ganzen Zahlen Teil eines größeren Systems sind, das z. B. auch die Bruchzahlen umfaßt. [1]

Ich möchte mich nun den drei Mutterstrukturen der Mathematiker der Bourbaki-Gruppe zuwenden und fragen, ob diese Mutterstrukturen etwas Natürlichem oder

[1] Der Leser wird an dieser Stelle fragen, ob »Strukturen« eine reale, objektive Existenz besitzen, oder ob sie nur Werkzeuge sind, die wir zur Analyse der Realität benutzen. Dieses Problem ist nur ein Spezialfall einer allgemeineren Frage: haben Relationen eine objektive, unabhängige Existenz? Unsere Antwort lautet, daß es beinahe unmöglich ist, die Gültigkeit unserer Erkenntnis ohne die Voraussetzung der Existenz der Relationen zu verstehen und zu rechtfertigen – eine Antwort, die impliziert, daß dem Begriff der Existenz eine Vielzahl von Bedeutungen zugeordnet werden müssen.

Psychologischem entsprechen, oder ob sie durch Axiomatisierung eingeführte mathematische Erfindungen sind.[2]

Das Ziel der Bourbaki-Gruppe war es, wie Sie wissen, Strukturen zu finden, die in all den verschiedenen Zweigen der Mathematik isomorph sind. Diese Zweige, z. B. die Zahlentheorie, höhere Analysis, Geometrie und Topologie, waren bis dahin mehr oder weniger getrennt und ohne Zusammenhang gewesen. Die Bourbaki-Mathematiker nun wollten Formen oder Strukturen finden, die allen diesen verschiedenen Inhalten gemeinsam sind. Ihr Vorgehen könnte man als eine regressive Analyse bezeichnen – sie nahmen sich jede Struktur in jedem Zweig vor und führten sie auf ihre elementarste Form zurück. Dieses Vorgehen machte keine apriorischen Voraussetzungen, es war eine induktive Erforschung der Mathematik wie sie vorlag. Die Untersuchung führte zu drei unabhängigen, nicht aufeinander reduzierbaren Strukturen. Durch Differenzierungen innerhalb jeder dieser Strukturen oder durch Verbinden zweier oder mehrerer Strukturen können alle anderen generiert oder erzeugt werden. Aus diesem Grunde wurden die drei unabhängigen Strukturen Mutterstrukturen genannt. Nun ist die Grundfrage der Erkenntnistheorie, ob diese Strukturen in irgendeinem Sinne natürlich sind, so wie z. B. die natürlichen Zahlen, oder ob sie vollkommen künstlich sind – nur ein Resultat von Theoriebildung und Axiomatisierung. Sehen wir uns für den Versuch, dieses Problem zu

[2] Wir werden diese Frage hier nicht analysieren; aber das bereits erwähnte allgemeinere Konzept der »Kategorie« hat gleichermaßen ein psychologisches Gegenstück. Wir verweisen den interessierten Leser auf Band XXIII der *Etudes d'epistémologie génétique:* »Epistémologie et psychologie de la fonction«, 1968.

lösen, zunächst jede der drei Mutterstrukturen näher an. Die erste wurde von Bourbaki als die algebraische Struktur bezeichnet. Der Prototyp dieser Struktur ist der mathematische Begriff einer Gruppe. Es gibt mannigfaltige Arten von mathematischen Gruppen: die Gruppe der Verschiebungen in der Geometrie; die additive Gruppe, auf die ich bereits hingewiesen habe, in der Reihe der ganzen Zahlen; und noch viele andere. Algebraische Strukturen sind durch ihre Form der Reversibilität charakterisiert, nämlich Inversion im oben beschriebenen Sinne. Man drückt dies in der folgenden Weise aus: $p \cdot p^{-1} = 0$, eine Formel, die so gelesen wird: die Operation p multipliziert mit der inversen Operation p hoch minus eins ist gleich Null.[3]

Die zweite Form der Struktur ist die Ordnungsstruktur. Diese Struktur gilt für Beziehungen, während die algebraische Struktur sich im wesentlichen auf Klassen und Zahlen bezieht. Der Prototyp einer Ordnungsstruktur ist das Gitter, und die für Ordnungsstrukturen charakteristische Form der Reversibilität ist die Reziprozität. Wir können diese Reziprozität der Ordnungsstruktur erkennen, wenn wir – z. B. – die Logik der Propositionen betrachten. In einer Struktur innerhalb der Logik der Propositionen ist P und Q die untere Grenze einer Transformation und P oder Q die obere Grenze. P und Q, die Konjunktion, geht P oder Q, der Disjunktion, voraus. Aber diese ganze Beziehung kann auch in der umgekehrten Weise ausgedrückt werden. Ebenso wie

[3] Die übliche Definition der algebraischen Struktur als eines Satzes, mit dem Äquivalenzrelationen definiert werden, führt zu denselben Eigenschaften wie die Definition, die wir hier verwenden (insbesondere: jeder Theorie der Äquivalenzrelationen entspricht eine Theorie der Klassen).

wir sagen können, P und Q geht P oder Q voraus, können wir sagen, P oder Q folgt P und Q. Dies ist die Form der Reversibilität, die ich Reziprozität genannt habe und die keineswegs dasselbe ist wie Inversion oder Negation, denn hier wird nichts negiert.

Die dritte Form der Struktur ist die topologische Struktur, die auf Begriffen wie Nachbarschaft, Grenzen und Grenzwert beruht. Sie findet sich nicht nur in der Geometrie, sondern auch in vielen anderen Bereichen der Mathematik. Diese drei Strukturformen scheinen nun höchst abstrakt zu sein. Nichtsdestoweniger finden wir im Denken von nicht mehr als 6 oder 7 Jahre alten Kindern Strukturen, die jeder dieser drei Formen ähneln, und ich möchte diese Strukturen hier diskutieren. Zuvor möchte ich jedoch, um zu zeigen, daß es nicht völlig willkürlich ist, wenn ich die Mutterstrukturen und die operationellen Strukturen bei Kindern in Parallele setze, eine kleine Begebenheit erzählen.

Vor einigen Jahren besuchte ich eine Tagung außerhalb von Paris, die unter dem Thema »Mentale Strukturen und mathematische Strukturen« stand. Diese Tagung brachte Psychologen und Mathematiker zusammen. Meine Unkenntnis der Mathematik war damals noch größer, als sie es heute ist. Ebenfalls anwesend war der Mathematiker Dieudonne, ein Vertreter der Bourbaki-Gruppe, der gegenüber allem, was mit Psychologie zu tun hatte, in höchstem Maße mißtrauisch war. Dieudonne hielt ein Referat, in dem er die drei Mutterstrukturen darstellte. Dann hielt ich ein Referat, in dem ich die Strukturen beschrieb, die ich im kindlichen Denken gefunden hatte, und zu unserem großen Erstaunen stellten wir beide fest, daß es zwischen den drei mathematischen

Strukturen und den drei Strukturen des operationellen Denkens bei Kindern eine sehr direkte Beziehung gibt. Wir waren natürlich voneinander beeindruckt, und Dieudonne ging immerhin so weit, zu mir zu sagen: »Dies war das erste Mal, daß ich die Psychologie ernst genommen habe. Es mag auch das letzte Mal sein, aber jedenfalls war es das erste Mal.«

Im kindlichen Denken stößt man fast überall auf algebraische Strukturen, am leichtesten jedoch in der Logik der Klassen – in der Logik der Klassifikation. Ich nehme ein Beispiel aus den Operationen der einfachen Klassifikation – eine Gruppe von Objekten gemäß ihrer Ähnlichkeit in einzelne Haufen aufteilen –, nicht einen komplexeren Fall wie den der multiplikativen Klassifikation gemäß einer Anzahl gleichzeitig verschiedener Variablen. Kinder können im Alter von etwa 7 oder 8 Jahren in dem früher definierten Sinne operationell klassifizieren. Doch schon auf der präoperationellen Stufe gibt es alle möglichen Formen primitiverer Klassifikationsversuche. Wenn wir Vier- oder Fünfjährigen verschiedene ausgeschnittene Formen geben – z. B. einfache geometrische Figuren wie Kreise, Vierecke und Dreiecke –, sind sie in der Lage, diese Formen auf der Grundlage der Gestalt in kleine Kollektionen zu bringen. Die jüngsten Kinder bringen zustande, was ich figurale Kollektionen nenne, d. h., aus allen Kreisen legen sie eine bestimmte Figur, aus allen Vierecken legen sie eine andere Figur, und diese Figuren sind ein für die Klassifikation bedeutsames Element. Wenn die Figur verändert wird, glauben sie, die Klassifikation habe sich geändert.

Etwas ältere Kinder geben diesen figuralen Aspekt auf und sind in der Lage, aus den ähnlichen Formen kleine

Haufen zu bilden. Aber obwohl das Kind Klassifikationen dieser Art ausführen kann, ist es nicht imstande, die Beziehung der Inklusion von Klassen zu verstehen. In diesem Sinne ist seine Klassifikationsfähigkeit noch präoperationell. Es ist vielleicht schon in der Lage, Unterklassen untereinander unter quantitativem Gesichtspunkt zu vergleichen, aber es kann z. B. nicht deduzieren, daß die Gesamtklasse notwendigerweise genauso groß wie oder größer als eine der sie konstituierenden Unterklassen sein muß. Ein Kind dieses Alters wird zugeben, daß alle Enten Vögel sind und daß nicht alle Vögel Enten sind. Aber wenn es dann gefragt wird, ob es draußen im Walde mehr Vögel oder mehr Enten gebe, so wird es sagen: »Ich weiß nicht; ich habe sie nicht gezählt.« Es muß erst die Beziehung der Inklusion von Klassen entwickelt sein, ehe sich die operationelle Struktur der Klassifikation entwickeln kann, die in der Tat den algebraischen Strukturen der Mathematiker analog ist. Die Struktur der Inklusion von Klassen hat die folgende Form: Enten und die anderen Vögel, die nicht Enten sind, bilden zusammen die Klasse aller Vögel; Vögel und die anderen Tiere, die nicht Vögel sind, bilden zusammen die Klasse aller Tiere usw. Oder: $A + A' = B$, $B + B' = C$ usw. Es läßt sich leicht erkennen, daß diese Beziehung ohne weiteres umgekehrt werden kann. Wenn wir von allen Tieren alle die Tiere, die nicht Vögel sind, subtrahieren, bleiben die Vögel übrig. Hier liegt der Fall der früher erwähnten Reversibilität durch Negation vor: $A - A = 0$. Dies ist keine Gruppe im exakten Sinne; es liegt hier zwar, wie wir gesehen haben, Inversion vor, aber auch die Tautologie: $A + A = A$. Vögel plus Vögel ergibt wieder Vögel, das heißt, in dieser Struktur liegt keine Distributivität vor. Wenn wir schreiben: A + A − A, variiert das Ergebnis, je nachdem, wie wir die Klammern setzen: (A + A) − A = o, während A + (A − A) = A. Deshalb handelt es sich bei diesem Beispiel nicht um eine vollständige Gruppe, sondern um das, was ich eine Gruppierung nenne – eine algebra-ähnliche Struktur.

Gleicherweise findet sich im kindlichen Denken eine primitive Ordnungsstruktur, die ebenso primitiv ist wie die Klassifikationsstruktur.

Ein sehr einfaches Beispiel ist die Struktur der Reihenbildung. Wir stellen den Kindern die folgende Aufgabe. Wir geben ihnen eine Kollektion verschieden langer Stäbe. Die Längenunterschiede sind so gering, daß es schon eines aufmerksamen Vergleichens bedarf, um sie festzustellen – eine keineswegs leichte perzeptuelle Aufgabe. Die Längenunterschiede schwanken zwischen 3 und 6 mm, insgesamt sind es etwa zehn Stäbe, der kürzeste ist etwa 5 cm lang. Wir fordern die Kinder dann auf, die Stäbe in einer Reihe vom kürzesten zum längsten anzuordnen. Präoperationelle Kinder gehen an diese Aufgabe ohne jeden strukturellen Bezugsrahmen (in dem Sinne, in dem ich Strukturen beschrieben habe) heran. Das heißt, sie nehmen einen langen und einen kurzen, dann einen anderen langen und kurzen, dann wieder einen anderen langen und kurzen, aber sie stellen zwischen diesen Paaren keinerlei Koordination her; oder sie nehmen drei auf einmal – einen kurzen, einen mittleren und einen langen – und bilden mehrere Trios. Sie bringen es jedoch nicht fertig, alle Stäbe in einer einzigen Reihe zu koordinieren. Etwas älteren Kindern gegen Ende der präoperationellen Stufe gelingt es, alle Stäbe in eine Reihe zu bringen, aber nur durch Versuch und Irrtum; sie gehen nicht systematisch vor. Kinder von etwa 7 Jahren an gehen hingegen in ganz anderer Weise an diese Aufgabe heran. Sie gehen vollkommen systematisch vor. Zuerst finden sie den kürzesten Stab heraus, dann schauen sie nach dem kürzesten unter den übriggebliebenen Stäben, und so fort, bis die ganze Struktur, die ganze Reihe aufgebaut worden ist. Die hier implizierte Form der Reversibilität ist die der Reziprozität. Wenn das Kind nach dem kürzesten unter allen jeweils übriggebliebenen Stäben sucht, hat es begriffen, daß dieser Stab länger ist als alle Stäbe, die es bisher genommen hat, und kürzer als alle diejenigen, die es noch nehmen wird. Es koordiniert – und zwar zur gleichen Zeit – die Beziehung »länger als« und die Beziehung »kürzer als«.

Es gibt einen noch überzeugenderen Beweis für die operationelle Natur dieser Struktur, nämlich die Tatsache, daß Kinder zur gleichen Zeit fähig werden, auf der Basis der Transitivität zu argumentieren. Wir zeigen einem Kind zwei Stäbe, Stab A ist kürzer als Stab B. Dann verdecken wir Stab A und zeigen ihm Stab B zusammen mit einem längeren Stab C und fragen, wie A und C sich zueinander verhalten. Präoperationelle Kinder werden sagen, daß sie es nicht wüßten, weil sie die Stäbe nicht zusammen gesehen hätten – sie haben sie nicht vergleichen können. Operationelle Kinder hingegen, die Kinder, die bei der Reihenbildung der Stäbe systematisch vorgehen, werden ohne Zögern sagen, daß C länger sei als A, weil C länger sei als B und B länger als A. Den Logikern zufolge ist Reihenbildung eine Kollektion asymmetrischer transitiver Beziehungen. Unser Beispiel macht ganz deutlich, daß die asymmetrischen Beziehungen und die

Transitivität sich im kindlichen Denken tatsächlich Hand in Hand entwickeln. Ebenso deutlich sehen wir, daß die Form der Reversibilität der hier vorliegenden Struktur Reziprozität ist und nicht Negation. Die Reversibilität ist von der folgenden Art: A ist kleiner als B impliziert, das B größer ist als A; dies ist keine Negation, sondern nur eine reziproke Beziehung.

Der dritte Strukturtypus ist den Bourbaki-Mathematikern zufolge die topologische Struktur. Die Frage, ob auch diese Struktur im kindlichen Denken vorhanden ist, verknüpft sich mit einem sehr interessanten Problem. In der Geschichte der Entwicklung der Geometrie trat als erster formaler Typus die metrische Geometrie der frühen Griechen, die Euklidische Geometrie, auf. Als zweiter Typus entstand die projektive Geometrie, deren Anfänge zwar schon von den Griechen gelegt wurden, die aber erst im siebzehnten Jahrhundert voll ausgearbeitet worden ist. Die topologische Geometrie kam noch viel später; sie wurde erst im neunzehnten Jahrhundert entwickelt. Wenn wir uns jedoch die theoretischen Beziehungen zwischen diesen drei Typen von Geometrie ansehen, so finden wir, daß der einfachste Typus die Topologie ist und die Euklidische und die projektive sich von der topologischen Geometrie ableiten lassen. Mit anderen Worten, die Topologie ist die gemeinsame Quelle der beiden anderen Formen von Geometrie. Es ist nun eine interessante Frage, ob die Geometrie in der Entwicklung des kindlichen Denkens der historischen oder der theoretischen Ordnung folgt. Genauer: werden wir finden, daß sich zuerst die Euklidischen Intuitionen und Operationen entwickeln und erst später die topologischen Intuitionen und Operationen? Oder werden wir finden, daß die Beziehung umgekehrt ist? Tatsächlich finden wir, daß die ersten Intuitionen topologische sind. Auch die ersten Operationen – Raumaufteilung, den Raum ordnen – sind den topologischen Operationen sehr viel näher als den Euklidischen oder metrischen.

Ich möchte ein paar Beispiele für die topologischen Intuitionen geben, die auf der präoperationellen Stufe vorhanden sind. Präoperationelle Kinder können natürlich, wie Binet gezeigt hat, verschiedene Euklidische Formen unterscheiden – Kreise von Rechtecken, von Dreiecken usw. Nach seinen Maßstäben sind sie im Alter von etwa 4 Jahren dazu in der Lage. Aber beobachten wir, was sie vor diesem Alter tun. Wenn wir ihnen einen Kreis zeigen und sie auffordern, ihn abzuzeichnen, dann zeichnen sie eine mehr oder weniger zirkuläre geschlossene Form. Wenn wir ihnen ein Viereck zeigen und sie bitten, es abzuzeichnen, zeichnen sie wieder eine mehr oder weniger zirkuläre geschlossene Form. Zeigen wir ihnen dann ein Dreieck, so zeichnen sie auch diesmal dieselbe zirkuläre geschlossene Form. Ihre Zeichnungen dieser Formen sind im Grunde ununterscheidbar. Wenn wir sie jedoch auffordern, ein Kreuz zu zeichnen oder abzuzeichnen, dann unterscheiden sich ihre Zeichnungen völlig von denjenigen der geschlossenen Figuren. Sie zeichnen eine offene Figur, zwei Linien, die einem Kreuz mehr oder weniger ähneln oder einander berühren. An diesen Zeichnungen können wir also erkennen, daß die Kinder nicht die Euklidischen Unterscheidungen, die verschiedenen Euklidischen Formen, sondern die topologischen Unterscheidungen behalten. Geschlossene Formen werden als geschlossene gezeichnet, offene Formen als offene.

Perzeptuell erkennen die Kinder natürlich Unterschiede zwischen den Euklidischen Formen, aber in ihrer Repräsentation dieser Formen scheinen sie keine entsprechenden Unterscheidungen zu treffen. Man könnte annehmen, daß dies nur eine Frage der Muskelkontrolle ist, daß die Kinder noch nicht in der Lage sind, Vierecke zu zeichnen. Nun, wir können ihnen eine andere Aufgabe stellen, die sicherlich ebensoviel Muskelkontrolle verlangt. Wir können ihnen drei verschiedene Figuren zeigen, die jeweils einen großen Kreis und einen kleinen Kreis zeigen; in der ersten Figur befindet sich der kleine Kreis innerhalb des größeren, in der zweiten befindet sich der kleine Kreis außerhalb des größeren und in der dritten liegt der kleine Kreis auf der Grenze – halb innerhalb, halb außerhalb des größeren. Dreijährige, die noch keine von Kreisen unterschiedenen Vierecke zeichnen, bilden diese Figuren trotzdem richtig ab; sie bewahren zumindest die Beziehungen von innerhalb, außerhalb und auf der Grenze. Manche Kinder sind sogar in der Lage, die dritte Figur verbal zu beschreiben, indem sie z. B. sagen, der kleine Kreis sei halb außen, was impliziert, daß sie ihn nicht innerhalb und nicht außerhalb, sondern auf der Grenze sehen – und alle diese Beziehungen sind topologische Beziehungen.

Einige Autoren behaupten, die Unterscheidung zwischen geradlinigen und krummlinigen Figuren sei ebenso einfach wie diese Unterscheidung zwischen innerhalb, außerhalb und auf der Grenze. In der Topologie haben geradlinige und krummlinige Figuren natürlich keine Unterscheidungsqualität; nur in der Euklidischen Geometrie sind sie verschieden. Um auf diese Autoren zu antworten, möchte ich mich auf die Arbeit der beiden in

Montreal wirkenden Psychologen Monique Leurendau und Adrien Pinard beziehen. Sie haben unsere gesamte Forschung über Geometrie und räumliche Repräsentation mit zwanzig Versuchspersonen auf jeder Altersstufe wiederholt und dabei jedes Experiment mit jeder Versuchsperson durchgeführt – was wir selbst nie getan haben. Außerdem haben sie eine sehr gründliche qualitative und statistische Analyse des Verhaltens jedes einzelnen Kindes durchgeführt. Sie haben Ordinalstatistiken verwandt, wie sie von Gutman entwickelt worden sind. Ihre Analyse zeigt, daß Kinder manchmal tatsächlich krummlinige von geradlinigen Figuren zu unterscheiden schienen, aber in Wirklichkeit doch in jedem Falle topologische Beziehungen verwandt hatten, um die Unterscheidung zu treffen. Das heißt, die Figuren unterschieden sich sowohl in topologischen Beziehungen als auch in den Euklidischen Beziehungen gerader oder gekrümmter Linien, und die Kinder gründeten ihre Urteile auf die topologischen Aspekte der Figuren.

Bisher habe ich zu zeigen versucht, daß die drei mathematischen Mutterstrukturen in der Entwicklung des kindlichen Denkens natürliche Wurzeln besitzen. Jetzt möchte ich zeigen, wie sich im Denken der Kinder aus Verknüpfungen zweier oder mehrerer Grundstrukturen weitere Strukturen entwickeln können. Ich habe schon angedeutet, daß dies die Quelle der vielen verschiedenartigen mathematischen Strukturen in all den verschiedenen Zweigen der Mathematik ist. Das Beispiel, das ich aus der Psychologie entnehmen will, ist der Zahlbegriff, der nicht auf nur einer der drei Grundstrukturen beruht, sondern auf einer Verknüpfung zweier dieser Strukturen.

Wir haben vorhin von der Operation gehört, der sich Cantor bei der Konstruktion der transfiniten Zahlen bediente, nämlich der Operation der Stück-für-Stück-Korrespondenz. Fragen wir nun, wie diese Operation sich im kindlichen Denken entwickelt. Wir haben ein Experiment der folgenden Art ausgeführt. Wir reihen rote Marken, sagen wir acht, vor einem Kind auf, geben ihm dann einen Haufen blauer Marken und fordern es auf, diesem Haufen die gleiche Anzahl blauer Marken zu entnehmen, wie rote vor ihm liegen. Auf einer sehr frühen Stufe bildet das Kind aus den blauen Marken eine Zeile, die ungefähr genausolang ist wie die Zeile aus den roten Marken, ohne darauf zu achten, ob die Anzahl der blauen und roten Marken tatsächlich übereinstimmt. Ein etwas differenzierteres Verhalten ist es, auf der Basis der Stück-für-Stück-Korrespondenz zu operieren, d. h. eine blaue Marke zu nehmen und sie genau unter eine rote zu legen. Doch dies bezeichne ich als eine optische Zuordnung, weil das Kind glaubt, daß die Stück-für-Stück-Korrespondenz von der engen räumlichen Beziehung zwischen jeder blauen und jeder roten Marke abhängt. Wenn wir die räumliche Anordnung verändern, ohne weitere Marken hinzuzufügen oder einige wegzunehmen – also eine der Zeilen ausdehnen oder zusammendrängen –, behauptet das Kind, daß die Situation jetzt verändert ist und nicht mehr so viele blaue Marken da liegen wie rote. Wenn wir eine Zeile zählen und auf acht kommen und das Kind dann fragen, wie viele Marken nach seiner Ansicht in der anderen, der vorher ausgedehnten, Zeile liegen, wird es sagen: »Es müssen neun oder zehn sein.« Selbst wenn es jede Zeile zählt, acht in der kürzeren und acht in der längeren, wird es sagen: »Ja, hier sind acht und hier sind acht, aber hier sind mehr, es ist länger.« Schließlich wird die Stück-für-Stück-Korrespondenz operationell, und zu dieser Zeit hat sich auch die Erhaltung der Zahl entwickelt im Sinne der Erkenntnis, daß sich mit der Veränderung der räumlichen Anordnung nicht auch die Zahl verändert. Wenn das Kind jetzt die Stück-für-Stück-Korrespondenz einmal vorgenommen hat, indem es jeder roten eine blaue Marke zugeordnet hat, ist es, gleichgültig wie wir die Gestalten verändern, aufgrund dieser am Anfang vorgenommenen Stück-für-Stück-Korrespondenz in der Lage, ohne zu zählen oder lange nachzudenken, zu sagen, daß die Anzahl der Marken in jeder Zeile noch dieselbe sein muß. Die Stück-für-Stück-Korrespondenz scheint also die Grundlage des Zahlbegriffs zu sein.

Dies erinnert unmittelbar an Russells und Whiteheads *Principia Mathematica*, wo sie eine Zahl als die Klasse äquivalenter Klassen definieren – äquivalent im Sinne der durch die Stück-für-Stück-Korrespondenz hergestellten numerischen Äquivalenz. Wenn wir eine Klasse haben, die aus fünf Menschen besteht, eine weitere Klasse aus fünf Bäumen und eine Klasse aus fünf Äpfeln, so ist das, was diese drei Klassen gemeinsam haben, die Zahl 5. In eben diesem Sinne sagen Russell und Whitehead, eine Zahl sei eine Klasse äquivalenter Klassen. Wie ich gerade schon gesagt habe, scheint diese These über die Grundlage des Zahlbegriffs gerechtfertigt zu sein, da die Zahl sich von der Stück-für-Stück-Korrespondenz abzuleiten scheint. Nun gibt es aber zwei Formen der Stück-für-Stück-Korrespondenz, und es ist wichtig, uns klarzumachen, mit welcher Form Russell und Whitehead gearbeitet haben.

Einerseits basiert die Stück-für-Stück-Korrespondenz auf den Eigenschaften der Elemente. Ein Element einer Klasse entspricht einem Element einer anderen Klasse aufgrund bestimmter Eigenschaften, die beiden Klassen gemeinsam sind. Nehmen wir an, die gerade erwähnten Klassen (fünf Menschen, fünf Bäume, fünf Äpfel) seien aus Papier ausgeschnitten, und zwar aus fünf verschiedenfarbigen Sorten Papier, so daß wir fünf Papiermenschen hätten – rot, orange, grün, gelb und blau – sowie fünf Papierbäume und -äpfel aus denselben fünf Farben. Die qualitative Stück-für-Stück-Korrespondenz würde darin bestehen, den roten Menschen, den roten Baum und den roten Apfel einander zuzuordnen, ebenso den grünen Menschen, den grünen Baum und den grünen Apfel usw. Ein solches Verfahren setzt eine doppelte Klassifikation voraus – die Konstruktion einer Matrix, die gleichzeitig nach zwei Dimensionen klassifiziert.

Die zweite Form der Stück-für-Stück-Korrespondenz basiert nicht auf denEigenschaften der einzelnen Elemente. Russells und Whiteheads berühmtes Beispiel für äquivalente Klassen trifft eine Zuordnung zwischen den Monaten des Jahres, Napoleons Marschällen, den zwölf Aposteln und den Zeichen des Tierkreises. In diesem Beispiel haben die einzelnen Elemente keine Eigenschaften, die zu einer spezifischen Entsprechung zwischen einem Element der einen Klasse und einem Element der anderen Klasse führen. So können wir z. B. nicht sagen, Petrus entspreche dem Monat Januar, der dem Marschall Ney entspreche, der dem Krebs entspreche. Wenn wir sagen, daß diese vier Gruppen einander entsprechen, meinen wir Stück-für-Stück-Korrespondenz in dem

Sinne, daß jedes beliebige Element jedem beliebigen anderen Element zugeordnet werden kann. Jedes Element zählt als eins, seine besonderen Eigenschaften bleiben ohne Bedeutung. Jedes Element wird bloß als Einheit aufgefaßt, wird zu einer arithmetischen Einheit.

Dies ist nun eine ganz andere Operation als die Operation der auf Eigenschaften der Elemente beruhenden Stück-für-Stück-Korrespondenz, mit der beim Klassifizieren im eben beschriebenen Sinne Matrizes konstruiert werden. Die Stück-für-Stück-Korrespondenz, in der jedes beliebige Element jedem beliebigen anderen entsprechen kann, hat einen ganz anderen Charakter. Die Elemente werden ihrer Eigenschaften entkleidet und dadurch zu bloß arithmetischen Einheiten. Russells und Whiteheads Überlegungen lag, wie wir jetzt deutlich sehen, nicht die qualitative Stück-für-Stück-Korrespondenz, wie sie beim Klassifizieren verwandt wird, zugrunde, sondern die Art der Zuordnung, in der die Elemente zu Einheiten werden. Sie leisten deshalb nicht, was sie beabsichtigen, nämlich die Zahl ausschließlich aus Klassifikationsoperationen abzuleiten. Sie geraten vielmehr in einen Circulus vitiosus: sie versuchen, den Zahlbegriff auf der Basis der Stück-für-Stück-Korrespondenz aufzubauen, aber um diese Zuordnung vornehmen zu können, müssen sie eine arithmetische Einheit voraussetzen, den Begriff eines unqualifizierten Elementes, einer numerischen Einheit einführen. Um die Zahlen aus Klassen zu konstruieren, führen sie Zahlen in Klassen ein.

Ihre Lösung stellt sich also als eine nicht adäquate heraus. Das Problem der Grundlage des Zahlbegriffs, das erkenntnistheoretische Problem, bleibt, und wir müssen nach einer anderen Lösung suchen. Die psychologische Forschung scheint eine anzubieten. Wenn wir die Entwicklung des Zahlbegriffs im kindlichen Denken studieren, finden wir, daß er nicht allein auf klassifizierenden Operationen beruht, sondern als Synthese aus zwei verschiedenen Operationen gebildet wird. Wir finden, daß die Zahl außer auf den klassifizierenden Strukturen – einem Fall der algebraischen Strukturen Bourbakis – auch auf Ordnungsstrukturen basiert, also eine Synthese aus diesen beiden verschiedenen Strukturtypen darstellt. Klassifikation ist für den Zahlbegriff ohne Zweifel von Bedeutung. Die Inklusion von Klassen ist in dem Sinne beteiligt, daß zwei in drei enthalten ist, drei in vier usw. Aber es sind auch Ordnungsbeziehungen notwendig, und zwar aus folgendem Grunde: wenn wir die Elemente der Klasse als äquivalent betrachten (und dies ist natürlich die Grundlage des Zahlbegriffs), dann ist es durch ebendiese Tatsache unmöglich, ein Element von einem anderen zu unterscheiden, die einzelnen Elemente auseinanderzuhalten. Wir erhalten die Tautologie $A + A = A$ – eine logische Tautologie statt einer numerischen Reihe. Wenn wir aber die Unterscheidungsmerkmale aller dieser Elemente ignorieren, wie können wir dann zwischen ihnen unterscheiden? Der einzig mögliche Weg dazu ist die Einführung einer bestimmten Ordnung. Die Elemente werden z. B. eines nach dem anderen im Raum angeordnet, oder sie werden eines nach dem anderen gezählt. Eine solche Ordnungsbeziehung ist die einzige Möglichkeit, im übrigen als identisch betrachtete Elemente voneinander zu unterscheiden.

Die Zahl, so können wir also schließen, ist eine Synthese aus der Inklusion von Klassen und Ordnungsbeziehungen. Sie hängt gleichzeitig von einer algebraischen Struktur und von einer Ordnungsstruktur ab. Ein Strukturtypus allein reicht zur.Erklärung nicht aus.

Mir scheint es in der Tat offensichtlich, wenn nicht trivial, zu sein, daß die Zahl auf zwei verschiedenen Formen von Operation beruht. Wenn wir uns die Zahlentheorien näher ansehen, werden wir immer finden, daß in den auf Ordination beruhenden Theorien ein Element der Inklusion und in den auf Kardination beruhenden Theorien ein Ordnungselement enthalten ist.

Bevor wir diese Analyse der Typen der im logischen Denken der Kinder enthaltenen operationellen Strukturen verlassen, möchte ich einen letzten Punkt diskutieren. Auf der Stufe der konkreten Operationen, d. h. vom Alter von 6 oder 7 Jahren an bis zum Alter von 11 oder 12 Jahren, gibt es zwei Formen von Reversibilität: Negation und Reziprozität. Aber diese beiden Formen finden sich niemals in einem einzigen System verbunden, so daß es möglich wäre, innerhalb desselben Systems von der einen Form der Reversibilität zur anderen überzugehen. Auf der Stufe der formalen Operationen, die im Alter von etwa 11 oder 12 Jahren zu erscheinen beginnen, werden neue logische Strukturen aufgebaut, die – z. B. – die Logik der Propositionen entstehen lassen, in der beide Formen der Reversibilität gleichermaßen verfügbar sind. Wir können z. B. die folgende Implikation betrachten: P impliziert Q; ihre Negation wäre: P und nicht Q. Aber die reziproke Beziehung Q impliziert P ist innerhalb dieses Systems ebenso leicht verfügbar, und auch sie hat ihre Negation: Q und nicht P, die hinsichtlich der anfänglichen Implikation eine neue Beziehung darstellt, nämlich ihr Korrelat.

Diese komplexere Struktur wird erkennbar, wenn wir Kindern Aufgaben stellen, die die gleichzeitige Berücksichtigung zweier Bezugssysteme verlangen – z. B. Probleme relativer Bewegung. Nehmen wir an, wir hätten eine Schnecke auf einem Brett. Die Bewegung der Schnecke nach rechts fassen wir als die direkte Operation auf. Die Bewegung der Schnecke nach links wäre die Inversion oder Negation. Die Reziprozität wäre in diesem Beispiel, wenn sich die Schnecke nach rechts bewegt, durch eine Bewegung des Brettes nach links repräsentiert. Das Korrelat wäre dann eine Bewegung des Brettes nach rechts. Wenn sich die Schnecke auf dem Brett nach rechts bewegt und das Brett sich gleichzeitig nach links bewegt, ist es in bezug auf ein externes Bezugssystem so, als ob sich die Schnecke überhaupt nicht bewegte. In bezug auf ein äußeres System gibt es zwei Möglichkeiten, die Bewegung der Schnecke umzukehren: erstens, die Schnecke bewegt sich wieder zu ihrem Ausgangspunkt zurück; zweitens, das Brett bewegt sich in der der Bewegung der Schnecke entgegengesetzten Richtung. Bevor Kinder die beiden Formen der Reversibilität in einem System verbinden können, d. h. ehe sie 11 oder 12 Jahre alt sind, können sie Probleme dieser Art, die eine Koordination von zwei verschiedenen Formen von Bewegung und zwei möglichen Bezugssystemen verlangen, nicht lösen.

3. Vorlesung

Wir haben bisher die logisch-mathematischen Strukturen erörtert. Jetzt möchte ich kurz auf die Beziehung zwischen diesen Strukturen und der Sprache einerseits und die Beziehung zwischen diesen Strukturen und senso-motorischen Aktivitäten andererseits eingehen, um einer Lösung des oben formulierten Problems näher zu kommen. Das entscheidende Argument gegen die Position, die logisch-mathematischen Strukturen seien ausschließlich von sprachlichen Formen abgeleitet, stützt sich auf die Tatsache, daß im Verlauf der intellektuellen Entwicklung jedes Individuums logisch-mathematische Strukturen bereits vor dem Auftreten der Sprache vorhanden sind. Sprache erscheint in der Regel um die Mitte des zweiten Lebensjahres, aber schon vorher, gegen Ende des ersten oder Anfang des zweiten Lebensjahres, gibt es eine senso-motorische Intelligenz, eine praktische Intelligenz, die ihre eigene Logik hat – eine Logik der Aktion. Die Aktionen oder Handlungen, die die senso-motorische Intelligenz ausmachen, können wiederholt und generalisiert werden. So ist ein Kind, das gelernt hat, eine Decke zu sich heranzuziehen, um ein auf ihr liegendes Spielzeug zu erreichen, in der Lage, künftig die Decke auch dann zu sich heranzuziehen, wenn es irgend etwas Anderes, das auf ihr liegt, erreichen will. Die Aktion kann nicht nur wiederholt, sondern auch generalisiert werden, das heißt, das Kind lernt, an einer Schnur zu ziehen, um zu erreichen, was an ihrem Ende befestigt ist, oder es lernt, einen Stock zu gebrauchen, um einen entfernten Gegenstand zu bewegen.

All das an einer Aktion, was wiederholbar und generalisierbar ist, nenne ich einen Plan (schème)[1], und ich vertrete die These, daß es eine Logik der Pläne gibt. Zwar ist in einem Plan als solchem kein logisches Element enthalten, aber Pläne können miteinander koordiniert werden und implizieren somit die allgemeine Koordination von Aktionen. Diese Koordinationen bilden eine Logik der Aktionen, die ihrerseits den Ausgangspunkt für die logisch-mathematischen Strukturen darstellt. Ein Plan kann demnach aus Unterplänen oder Subsystemen bestehen. Wenn ich einen Stock bewege, um einen Gegenstand zu bewegen, gibt es innerhalb dieses Planes einen Unterplan der Beziehung zwischen der Hand und dem Stock, einen zweiten Unterplan der Beziehung zwischen dem Stock und dem Objekt, einen dritten Unterplan der Beziehung zwischen dem Objekt und seiner Position im Raum usw. Wir erkennen an diesem Beispiel die Anfänge der Beziehung der Inklusion. Die Unterpläne sind im Gesamtplan enthalten, so wie in der logisch-mathematischen Struktur der Klassifikation Unterklassen in der Gesamtklasse enthalten sind. Auf der späteren Stufe ent-

[1] Schème ist in deutschen Übersetzungen Piagetscher Werke bisher mit *Schema* wiedergegeben worden. Das kann, wie Hans Furth in seinem Buch über die Grundlagen der Piagetschen Erkenntnistheorie gezeigt hat, zu Konfusionen führen, weil Piaget zwischen *schème* und *schéma* unterscheidet: *schème* (Plan) bezeichnet eine operationelle Aktivität, die Realität transformiert; *schéma* (Schema) den figurativen Aspekt des Denkens, der die Realität repräsentiert, ohne sie zu verändern. – In gewisser Hinsicht läßt sich Piagets Begriff des *Planes* (schème) mit dem Begriff des *Organisators*, wie er in der Embryologie gebraucht wird, vergleichen. (Anm. d. Ü.)

stehen auf der Grundlage dieser Beziehung der Klassen-inklusion die Konzepte. Auf der senso-motorischen Stufe ist ein Plan eine Art praktisches Konzept.

Ein weiterer an der Koordination von Plänen beteiligter Typus von Logik ist die Logik der Ordnung: um ein Ziel zu erreichen, müssen wir uns bestimmter Mittel bedienen. In diesem Fall besteht zwischen den Mitteln und dem Ziel eine Ordnung. Und es sind wieder praktische Ordnungsbeziehungen dieser Art, die die Grundlage der späteren logisch-mathematischen Ordnungsstrukturen bilden. Auch eine primitive Form der Stück-für-Stück-Korrespondenz läßt sich schon auf der senso-motorischen Stufe beobachten. Wenn ein Kind ein Vorbild nachahmt, besteht zwischen dem Vorbild und der Nachahmung des Kindes eine Entsprechung. Sogar wenn das Kind sich selbst nachahmt, das heißt, wenn es eine Aktion wiederholt, besteht zwischen der Aktion, wie sie das eine Mal, und der Aktion, wie sie das nächste Mal ausgeführt wird, eine Entsprechung.

Mit anderen Worten, wir finden in der senso-motorischen Intelligenz eine bestimmte Logik der Inklusion, eine bestimmte Logik der Ordnung und eine bestimmte Logik der Korrespondenz, die ich als die Grundlagen der logisch-mathematischen Strukturen ansehe. Wir haben es hier zweifellos nicht mit Operationen zu tun, aber doch mit den Anfängen dessen, was sich später zu Operationen entwickelt. Darüber hinaus können wir in dieser senso-motorischen Intelligenz die Anfänge der beiden wesentlichen Merkmale der Operationen erkennen, nämlich eine Form der Erhaltung und eine Form der Reversibilität.

Die für die senso-motorische Intelligenz charakteristische Form der Erhaltung manifestiert sich im Begriff der Konstanz eines Objekts. Dieser Begriff tritt erst gegen Ende des ersten Lebensjahres in Erscheinung. Wenn ein sieben oder acht Monate altes Kind ein es interessierendes Objekt zu erreichen sucht und wir dieses Objekt plötzlich durch eine Wand verdecken, verhält sich das Kind so, als ob das Objekt nicht nur verschwunden, unsichtbar, sondern auch nicht mehr zugänglich, nicht mehr vorhanden sei. Es zieht seine Hand zurück und unternimmt keinen Versuch, die Wand beiseite zu schieben, auch wenn es sich um eine so leichte Wand wie ein Taschentuch handelt. Gegen Ende des ersten Jahres jedoch wird das Kind die Wand beiseite schieben und seinen Versuch, das Objekt zu erreichen, fortsetzen. Es ist jetzt sogar in der Lage, eine Reihe aufeinander folgender Positionsveränderungen zu verfolgen. Wenn das Objekt z. B. in eine Schachtel und die Schachtel hinter einen Stuhl gelegt wird, vermag das Kind diesen sukzessiven Positionsveränderungen zu folgen. – Der Begriff der Konstanz eines Objekts ist also das senso-motorische Äquivalent der Erhaltungsbegriffe, die sich später auf der operationellen Stufe entwickeln.

Gleicherweise können wir im Verständnis räumlicher Positionen und Positionsveränderungen – d. h. im Verständnis der Bewegung in dem Raum, in dem sich das Kind zur Zeit des Höhepunktes der senso-motorischen Intelligenz bewegt – die Anfänge der Reversibilität erkennen. Zu Beginn des zweiten Jahres haben die Kinder einen praktischen Raumbegriff, der das umfaßt, was Geometer als die Gruppe der Verschiebungen bezeichnen, das heißt, es wird verstanden, daß eine Bewegung in der einen Richtung durch eine Bewegung in der anderen Richtung aufgehoben werden kann – daß ein Punkt im Raum auf einer Anzahl verschiedener Wege erreicht werden kann. Dies ist natürlich das Umwegverhalten, das die Psychologen an Kleinkindern und Schimpansen so überaus gründlich untersucht haben.

Wir haben es also auch hier wieder mit praktischer Intelligenz zu tun, die nicht auf der Stufe des Denkens steht und auch nicht in der kindlichen Vorstellung enthalten ist, aber mit diesem Maß an Intelligenz kann das Kind sich im Raum verhalten. Überdies ist diese Form der Organisation bereits in der zweiten Hälfte des ersten Lebensjahres vorhanden, das heißt, vor jeder Form von Sprachgebrauch. Dies ist mein erstes Argument.

Mein zweites stützt sich auf Beobachtungen an Kindern, deren Denken logisch ist, die aber nicht über Sprache verfügen – was bei der Population der Taubstummen der Fall ist. Ehe ich die experimentellen Befunde über die Intelligenz taubstummer Kinder diskutiere, möchte ich kurz auf die Natur der Repräsentation eingehen. Zwischen dem Alter von etwa 1 1/2 Jahren und dem von 7 oder 8 Jahren, in dem die Operationen erscheinen, durchläuft die praktische Logik der senso-motorischen Intelligenz eine Periode, in der sie sich nicht mehr ausschließlich im aktuellen Ausführen von Aktionen vollzieht, sondern auch interiorisiert, im Denken repräsentiert wird. In diesem Zusammenhang möchte ich einen Punkt, der allzuoft vergessen wird, deutlich hervorheben: es gibt viele verschiedene Formen der Repräsentation. Aktionen, Handlungen, können in einer Reihe verschiedener Weisen repräsentiert werden, unter denen die Sprache nur eine von mehreren ist. Sprache ist ohne Zweifel nicht das ausschließliche Mittel der Repräsentation. Sie ist nur ein Aspekt der sehr allgemeinen Funktion, die Head als die symbolische Funktion bezeichnet hat. Ich verwende lieber den Begriff der Linguisten: die semiotische Funktion. Diese Funktion ist die Fähigkeit, etwas durch ein Zeichen oder ein Symbol oder ein anderes Objekt zu repräsentieren. Außer der Sprache umfaßt die semiotische Funktion Gesten, idiosynkratische ebenso wie – im Falle der Taubstummensprache – systematisierte; sie umfaßt ferner verschobene Nachahmung, d. h. Nachahmung, die stattfindet, wenn das Vorbild nicht mehr gegenwärtig ist; sie umfaßt zeichnen, malen, modellieren; und sie umfaßt innere Bilder, die ich andernorts als internalisierte Nachahmung charakterisiert habe. In allen diesen Fällen gibt es einen Signifikator, der das Signifikat repräsentiert, und alle diese Formen werden vom Kind bei seinem Übergang von der »praktischen« Intelligenz, die agiert, zur »theoretischen« Intelligenz, die denkt, gebraucht. Die Sprache ist nur einer unter diesen vielen Aspekten der semiotischen Funktion, wenngleich in den meisten Fällen der wichtigste.

Diese Auffassung wird durch die Tatsache bestätigt, daß wir bei taubstummen Kindern Denken ohne Sprache und logische Strukturen ohne Sprache finden. In Frankreich hat Oléron wichtige Arbeit auf diesem Gebiet geleistet. In den Vereinigten Staaten möchte ich vor allem auf die Arbeit von Hans Furth und sein ausgezeichnetes Buch *Denkprozesse ohne Sprache*[2] hinweisen. Furth stellt im Vergleich mit normalen Kindern bei taubstummen eine gewisse Verzögerung der Entwicklung der logischen Strukturen fest. Dies ist nicht überraschend, da die soziale Stimulierung der taubstummen Kinder außeror-

[2] deutsch: 1972 (Schwann Verlag)

dentlich begrenzt ist. Abgesehen von dieser Verzögerung vollzieht sich die Entwicklung der logischen Strukturen jedoch bei beiden Gruppen in der gleichen Weise. Furth findet bei den taubstummen Kindern Klassifikationen der oben diskutierten Art; desgleichen: Reihenbildung, Zuordnung, numerische Quantität, Repräsentation des Raumes. Mit anderen Worten: obwohl sie keine Sprache haben, verfügen diese Kinder über wohlentwickeltes logisches Denken.

Ein weiterer interessanter Punkt ist, daß die Entwicklungsverzögerung taubstummer Kinder weit weniger ausgeprägt ist als die Verzögerung, die wir bei von Geburt an blinden Kindern beobachten. Blindgeborene Kinder haben den großen Nachteil, daß sie im ersten oder zweiten Lebensjahr nicht dieselben Koordinationen im Raum herstellen können wie normale Kinder, so daß bei den blinden Kindern die Entwicklung der senso-motorischen Intelligenz und die Koordination der Aktionen auf dieser Stufe schwer beeinträchtigt ist. Aus diesem Grunde finden wir, daß die Entwicklungsverzögerungen auf der Ebene des repräsentationalen Denkens bei blinden Kindern größer sind als bei taubstummen und daß die Sprache nicht ausreicht, um den Defekt in der Koordination der Aktionen zu kompensieren. Die Verzögerung wird schließlich aufgeholt, aber sie ist signifikant und sehr viel ausgeprägter als die Verzögerung in der Entwicklung der Logik bei taubstummen Kindern.

Um mein drittes Argument vorzubereiten, möchte ich noch einmal darauf hinweisen, daß Chomsky den Standpunkt der logischen Positivisten in der Frage der Beziehung zwischen Logik und Sprache umgekehrt hat. Chomsky zufolge leitet sich die Logik nicht von der

Sprache ab, sondern beruht Sprache auf einem Vernunft-kern. Transformationsgrammatiken, bei deren Entwicklung Chomsky eine führende Rolle gespielt hat, scheinen mir von großem Interesse zu sein und sehr deutliche Ähnlichkeiten mit den oben diskutierten Operationen der Intelligenz aufzuweisen. Chomsky geht so weit zu sagen, daß die Vernunft, auf der die Grammatik einer Sprache aufgebaut wird, angeboren sei, daß sie also nicht, wie ich es dargestellt habe, durch die Aktionen des Kindes konstruiert wird, sondern angeboren und erblich ist. Ich halte diese Hypothese, um das mindeste zu sagen, für überflüssig. Freilich ist es höchst bemerkenswert, daß die Sprache bei Kindern erst dann erscheint, wenn die Stufe der senso-motorischen Intelligenz mehr oder weniger erreicht ist. Ich stimme auch der Auffassung zu, daß die einem Kind im Alter von vierzehn oder sechzehn Monaten verfügbaren Strukturen die intellektuelle Basis bilden, auf der die Sprache sich entwickeln kann, aber ich bestreite, daß diese Strukturen angeboren sind. Ich glaube, wir haben erkennen können, daß sie ein Ergebnis von Entwicklung sind. Die Hypothese, sie seien angeboren, ist folglich, wie ich gesagt habe, überflüssig. Doch der entscheidende Punkt, den ich an Chomskys Theorie hervorheben möchte, ist der, daß sie die klassische Ansicht, Logik leite sich von der Sprache ab, umkehrt und behauptet, Sprache beruhe auf intellektuellen Strukturen.

Mein letztes Argument stützt sich auf die Arbeit von Frau Hermine Sinclair, die die Beziehungen zwischen der operationellen und der sprachlichen Stufe bei fünf- bis achtjährigen Kindern untersucht. Frau Sinclair war Linguistin, bevor sie nach Genf kam, um dort Psychologie zu studieren. Bei der ersten Berührung mit unserer

Arbeit war sie überzeugt, daß die operationelle Stufe der Kinder nur ihre sprachliche Stufe widerspiegele; daß heißt, sie vertrat die Position des logischen Positivismus. Ich schlug ihr vor, diese bis dahin noch nicht gründlich erforschte Frage zu untersuchen und herauszufinden, welche Beziehung zwischen der operationellen und der sprachlichen Stufe der Kinder besteht. Frau Sinclair führte dann das folgende Experiment aus. Sie bildete zwei Gruppen von Kindern. Die eine Gruppe bestand aus Erhaltern: diese Kinder erkannten, daß eine bestimmte Menge Flüssigkeit dieselbe blieb, wenn sie aus einem Glas in ein anderes, das eine andere Form hatte als das erste, gegossen wurde, obwohl das Erscheinungsbild der Flüssigkeit sich verändert hatte. Die zweite Gruppe bestand aus Nichterhaltern: sie beurteilten die Menge der Flüssigkeit ihrem Erscheinungsbild gemäß und nicht gemäß einer bestimmten Korrelation zwischen Höhe und Breite oder gemäß Überlegungen aufgrund der Tatsache, daß keine Flüssigkeit hinzugefügt oder weggenommen worden war. Im nächsten Schritt untersuchte Frau Sinclair die Sprache dieser beiden Gruppen, indem sie die Kinder sehr einfache Objekte beschreiben ließ. Sie bot die Objekte gewöhnlich in Paaren dar, so daß die Kinder sie beschreiben konnten, indem sie sie verglichen, aber auch jedes Objekt für sich beschreiben konnten. Sie gab den Kindern z. B. Bleistifte in verschiedenen Dicken und Längen und fand, je nachdem, ob das Kind ein Erhalter oder ein Nichterhalter war, bemerkenswerte Unterschiede in der Sprache, mit der diese Objekte beschrieben wurden. Nichterhalter beschrieben die Objekte in der Regel mit Begriffen, die von den Linguisten als Skalare bezeichnet werden. Das heißt, sie beschrieben jeweils nur ein Objekt und jeweils nur ein Merkmal – »Dieser Bleistift ist lang«; »Dieser Bleistift ist dick«; »Dieser ist kurz«; und ähnliche Beobachtungen. Die Erhalter hingegen gebrauchten Begriffe, die von den Linguisten als Vektoren bezeichnet werden. Sie behielten sowohl die jeweils dargebotenen Objekte als auch mehr als ein Merkmal auf einmal im Gedächtnis und bildeten Sätze wie diesen: »Dieser Bleistift ist länger als jener, aber jener ist dicker als dieser.«

Soweit scheint das Experiment eine Beziehung zwischen operationeller und sprachlicher Stufe nachzuweisen. Aber wir wissen noch nicht, in welcher Richtung der Einfluß ausgeübt wird. Beeinflußt die sprachliche Stufe die operationelle, oder beeinflußt die operationelle Stufe den sprachlichen Fortschritt? Um die Antwort zu finden, setzte Frau Sinclair das Experiment folgendermaßen fort: Sie gab der Gruppe der Nichterhalter sprachlichen Unterricht. Mit Methoden der klassischen Lerntheorie brachte sie diesen Kindern bei, die Objekte in denselben Begriffen wie die Erhalter zu beschreiben. Die Nichterhalter, die inzwischen die fortgeschritteneren sprachlichen Formen gelernt hatten, ließ sie dann erneut Objekte beschreiben, um festzustellen, ob der ihnen erteilte Unterricht ihre operationelle Stufe verändert hatte. (Sie hat dieses Experiment in mehreren verschiedenen operationellen Dimensionen ausgeführt, nicht nur in der der Erhaltung, auch in der der Reihenbildung und noch weiteren.) Nun, in jedem Falle war nach dem Sprachunterricht nur ein minimaler Fortschritt zu beobachten. Nur 10 Prozent der Kinder waren von der einen Unterstufe zur nächsten fortgeschritten. Dies ist ein so kleiner Anteil, daß man sich fragt, ob diese Kinder sich nicht bereits in einer

Zwischenphase befanden und gerade auf der Schwelle zur nächsten Unterstufe standen. Frau Sinclair zog aus diesen Experimenten den Schluß, daß die intellektuellen Operationen die Voraussetzung für den sprachlichen Fortschritt zu sein scheinen – und nicht umgekehrt. Ich möchte diese Diskussion über die Beziehung zwischen Sprache und Logik jetzt verlassen und mich der Form des Denkens, der Form logischen Argumentierens, zuwenden, über die Kinder auf der präoperationellen Stufe verfügen – im Alter von 4, 5 und 6 Jahren, vor dem Beginn oder der Entwicklung der logischen Operationen. Obwohl die logischen Strukturen auf der präoperationellen Stufe noch nicht voll entwickelt sind, finden wir, was man als Semi-Logik bezeichnen könnte. In meinen früheren Arbeiten habe ich diese Formen des Denkens gewöhnlich als artikulierte Intuitionen bezeichnet, aber seit damals sind wir in unserer Arbeit ein gutes Stück weitergekommen. Es scheint nun sehr deutlich zu sein, daß das Denken der Kinder dieser Altersstufe in einem sehr buchstäblichen Sinne durch eine Semi-Logik charakterisiert ist; es ist halb logisch. Wir haben hier Operationen, die nicht reversibel sind; sie funktionieren nur in einer Richtung. Diese Logik besteht aus Funktionen im mathematischen Sinne dieses Begriffs, in der Schreibweise der Mathematiker: $y = (f)\ x$. Eine Funktion in diesem Sinne repräsentiert ein geordnetes Paar oder eine Anwendung, aber eine Anwendung, die sich nur in einer Richtung bewegt. Diese Form des Denkens führt zur Entdeckung von Abhängigkeitsbeziehungen und Kovariationen, das heißt, daß Variationen an einem Objekt mit Variationen an einem anderen korreliert sind.

Das Bemerkenswerte an diesen Funktionen ist, daß sie nicht zur Erhaltung führen. Ein Beispiel dazu: wir knüpfen an eine kleine an der Wand befestigte Spiralfeder ein Stück Schnur, das horizontal bis zu einer Achse reicht und dann vertikal herabhängt. Wenn wir nun ein Gewicht an das Ende der Schnur hängen oder ein bereits dort hängendes Gewicht erhöhen, wird an der Schnur gezogen, so daß der vertikal herabhängende Teil im Vergleich zu dem horizontalen Teil verlängert wird. Fünfjährige sind durchaus imstande, die Beziehung zu begreifen, daß mit dem größeren Gewicht der vertikale Teil länger und der horizontale Teil kürzer wird. Aber dies führt nicht zur Erhaltung. Die Summe des vertikalen und des horizontalen Teiles bleibt für diese Kinder nicht dieselbe. Betrachten wir noch ein weiteres Beispiel für eine Funktion im Sinne einer Anwendung. Wir geben Kindern eine Anzahl von Karten, von denen jede einen weißen und einen roten Teil hat, und außerdem eine Anzahl verschiedengestaltiger Papierausschnitte. Die Aufgabe besteht darin, einen Ausschnitt zu finden, der den roten Teil der Karte verdeckt. Der Ausschnitt muß nicht genau passen, er muß nur den roten Teil vollständig verdecken. Das Interessante ist, daß diese Kinder die Beziehung viele-zu-eins verstehen, da sie erkennen, daß es eine Reihe verschiedener Ausschnitte gibt, die den roten Teil der Karte vollständig verdecken können, aber diese Einsicht erlaubt ihnen noch nicht, ein gutes, auf der Beziehung eins-zu-viele beruhendes Klassifikationssystem zu konstruieren. Dies ist ein weiterer Fall einer halb logischen Struktur. In der Sprache der Bourbaki-Mathematiker ist viele-zu-eins eine Funktion, während eins-zu-viele keine Funktion ist.

Allgemeiner: die Funktionen sind deshalb so interessant, weil sie die Bedeutung der Ordnungsbeziehungen im präoperationellen Denken besonders deutlich demonstrieren. Eine Vielzahl von Beziehungen, die wir als metrische auffassen, sind für Kinder nur Ordnungsbeziehungen: in ihre Urteile gehen noch keine Meßoperationen ein.[3] An der bereits erwähnten Erhaltung der Länge läßt sich das sehr gut illustrieren. Wenn von zwei gleich langen Stäben, die in links-rechts-Richtung nebeneinander vor uns liegen, einer ein Stück nach rechts geschoben wird, halten wir die beiden Stäbe nach wie vor für gleich lang, weil wir beide Enden in Betracht ziehen und erkennen, daß in jedem Fall die Entfernung zwischen dem linken und rechten Ende das Entscheidende ist. Präoperationelle Kinder hingegen gründen ihr Urteil nicht auf die Ordnung der Endpunkte. Sie fassen nur ein Ende der Stäbe ins Auge und gründen ihr Urteil der Länge darauf, welcher Stab in dieser Richtung weiter geht. Es gibt eine große Zahl von Experimenten, in denen Reaktionen der Kinder eher auf Ordnungsbeziehungen als auf quantitativen beruhen; den Grund für dieses Verhalten sehe ich darin, daß sie sich eher einer Logik der Funktionen bedienen als einer vollständigen operationellen Logik.

Ein weiteres Merkmal dieser Semi-Logik ist der Begriff der Identität, der dem Begriff der Erhaltung vorausgeht.

---

[3] Ich bin mir der Tatsache bewußt, daß nicht alle Logiker der Bourbaki-Schule folgen und daß die Intuitionisten die Intuition der Zahlenreihe für fundamentaler halten als das Konzept der Menge oder der Struktur. Dies entspricht psychologisch der Tatsache, daß das Kind reine Ordnungsaufgaben manchmal in quantitative transformiert. Es ist eine Aufgabe für die Zukunft, die Beziehung zwischen diesen beiden Formen von Logik und diesen beiden Verhaltensformen zu analysieren.

Wir haben gesehen, daß in der senso-motorischen Intelligenz ein gewisser Begriff von Identität enthalten ist, nämlich wenn ein Kind erkennt, daß ein Objekt eine bestimmte Konstanz besitzt. Dies ist kein Fall von Erhaltung in dem Sinne, in dem wir diesen Begriff gebrauchen, da das Objekt in keiner Hinsicht seine Form verändert – es ändert nur seine Lage. Aber es ist ein Fall von Identität, der einen der Ausgangspunkte für den späteren Begriff der Erhaltung darstellt. Wir haben den Begriff der Identität u. a. im präoperationellen Denken von Kindern im Alter von etwa 4 Jahren untersucht und gefunden, daß es wohl kaum etwas Variableres gibt als den Begriff der Identität, der im Verlauf der intellektuellen Entwicklung des Kindes keineswegs derselbe bleibt. Was es bedeutet, etwas bewahre seine Identität, ändert sich je nach dem Alter des Kindes und je nach der Situation, in der das Problem sich stellt.

Zunächst muß man festhalten, daß Identität ein qualitativer Begriff ist und kein quantitativer. Ein präoperationelles Kind, das behauptet, daß die Quantität des Wassers sich je nach der Gestalt des Gefäßes, in das es gegossen wird, verändere, wird nichtsdestoweniger bestätigen, daß das Wasser dasselbe geblieben sei – nur die Menge habe sich verändert. Mein Kollege Jerome Bruner glaubt, daß ein Begriff des Prinzips der Identität als Basis des Begriffs der Erhaltung ausreiche. Ich halte diese Ansicht für fragwürdig. Um das Prinzip der Identität zu haben, muß man nur zwischen dem, was sich in einer bestimmten Transformation ändert, und dem, was sich nicht ändert, unterscheiden. Im Falle der Flüssigkeiten, die in verschiedene Gefäße gegossen werden, müssen die Kinder nur zwischen Form und Substanz unterscheiden.

Der Begriff der Erhaltung setzt indes mehr voraus. Quantifizierung ist, wie wir gesehen haben, eine komplexere Aufgabe, insbesondere deshalb, weil die einfachsten quantitativen Begriffe die gerade diskutierten Ordnungsbegriffe sind, die nicht in allen Fällen quantitativen Vergleichens angemessen sind. Der quantitative Begriff der Erhaltung kann erst dann ausgebildet werden, wenn das Kind auch die Operationen der Kompensation und der Reversibilität entwickelt hat.

Sehen wir uns an einigen neuen Beispielen an, wie der Begriff der Identität sich im Fortgang der Entwicklung verändert. Wir haben eine Reihe verschiedener Experimente ausgeführt, bei denen Gilbert Boyat einer der führenden Mitarbeiter gewesen ist. Diese Forschungen haben zur Bestimmung einer ersten Stufe geführt, auf der Identität halb individuell und halb generell ist. Ein Kind glaubt, daß Objekte in dem Maße identisch sind, in dem man dasselbe mit ihnen tun kann. So wird eine Kollektion von Perlen auf dem Tisch als mit denselben Perlen in der Form einer Halskette identisch angesehen, weil man die Halskette auseinandernehmen und aus den Perlen einen Haufen bilden kann und sie auch wieder zu einer Halskette aufreihen kann. Ebenso wird ein Stück Draht in der Form eines Bogens, das dann geradegebogen wird, immer noch als dasselbe Stück Draht angesehen, eben weil es zu einem Bogen und wieder geradegebogen werden kann. Ein wenig später werden die Identitätskriterien des Kindes ein bißchen anspruchsvoller. Es reicht nicht mehr aus, daß ein Objekt an einen bestimmten Plan assimiliert wird. Die Identität wird individualisierter. Auf dieser Stufe behauptet das Kind, daß ein Stück Draht nicht mehr dasselbe Stück sei, wenn es in die Form eines Bogens gebracht worden ist – weil es nicht mehr dieselbe Form hat.

Ein interessantes Experiment dieser Art kam zufällig im Verlauf eines anderen Experiments zustande. Die Kinder ordneten Quadrate nach der Größe, wobei ein Kind einmal ein Quadrat statt an der einen Seite an einer Ecke des vorangehenden Quadrates anlegte, das so angelegte Quadrat dann aber mit den Worten, es sei kein Quadrat mehr, wieder wegnahm. Wir begannen daraufhin mit einer weiteren Experimentreihe, in der wir diesen Punkt genauer untersuchten. Wir boten ein Quadrat aus Pappe in verschiedenen Positionen dar und stellten Fragen wie die folgenden: Ist es dasselbe Quadrat? Ist es noch ein Quadrat? Ist es dasselbe Stück Pappe? Sind die Seiten noch gleich lang? Sind die Diagonalen noch gleich lang? Wir stellten diese Fragen natürlich in einer Form, die die Kinder, die wir interviewten, verstanden. Wir fanden, daß Kinder bis zum Alter von etwa 7 Jahren die Identität bestreiten: es ist kein Quadrat mehr; es ist nicht mehr dasselbe Quadrat; die Seiten sind nicht mehr gleich lang; es ist jetzt in dieser Richtung länger; die Winkel sind keine rechten Winkel mehr; usw.

Im Bereich der Wahrnehmung lassen sich ähnliche Experimente ausführen. Wir kennen alle das Phänomen der stroboskopischen Bewegung: ein Objekt erscheint und verschwindet, und wenn es verschwindet, erscheint ein anderes Objekt, und wenn das zweite Objekt verschwindet, erscheint das erste Objekt wieder. Wenn dies in der richtigen Geschwindigkeit geschieht, sieht es so aus, als ob ein und dasselbe Objekt sich zwischen den Positionen hin und her bewegte. Es kam mir der Gedanke, daß es interessant sein müßte, die Identität mit

Hilfe dieses Phänomens der stroboskopischen Bewegung zu studieren, und zwar mit einem Kreis und einem Quadrat als den beiden Objekten. Wenn sich das Objekt zur einen Seite bewegt, sieht es so aus, als würde es zu einem Kreis, und wenn es sich zur anderen Seite bewegt, sieht es so aus, als würde es zu einem Quadrat. Man hat den Eindruck, ein einziges Objekt ändere seine Form, wenn es seine Position ändert. Kinder sehen diese scheinbare Bewegung sehr viel leichter als Erwachsene; der Spielraum ist bei ihnen sehr viel weiter. Beinahe jede Geschwindigkeit, in der die Objekte wechseln, oder ein großer Bereich solcher Geschwindigkeiten läßt bei Kindern diesen Eindruck scheinbarer Bewegung entstehen, während bei Erwachsenen der Spielraum sehr viel enger ist. Das Interessante an diesem Experiment ist, daß Kinder trotz der Leichtigkeit, mit der sie die stroboskopische Bewegung sehen, die Identität des Objekts in der Regel bestreiten. Sie sagen z. B.: »Es ist ein Kreis, bis es beinahe hier herübergeht, und dann wird es ein Viereck.« Oder: »Es ist nicht mehr dasselbe Ding – eines tritt an die Stelle des anderen.« Erwachsene sehen demgegenüber einen Kreis, der sich in ein Quadrat verwandelt, und ein Quadrat, das sich in einen Kreis verwandelt. Sie finden es merkwürdig, aber sie sehen es: ein einziges Objekt, das seine Form verändert. Dieses Experiment erweist den Begriff der Identität also sehr deutlich als eine Funktion des Alters. Dies ist natürlich nur eines von vielen Experimenten, die zu ähnlichen Resultaten geführt haben.

Das letzte Experiment, das ich erwähnen möchte, bezieht sich auf das Wachstum von Pflanzen. Es ist von Boyat entwickelt worden, der das Experiment zunächst mit einer Bohnenpflanze durchführen wollte. Aber deren Wachstum verlief zu langsam, so daß er dazu überging, eine Chemikalie in einer Lösung zu verwenden, die innerhalb weniger Minuten zu einer baumartigen, ungefähr wie Strandhafer aussehenden Form wächst. Wir lassen in diesem Experiment ein Kind beobachten, wie diese Pflanze wächst, und lassen die Pflanze dabei in periodischen Abständen zeichnen. Anschließend fragen wir das Kind, das seine Zeichnungen als Gedächtnisstützen hat, ob die in den verschiedenen Wachstumsstadien dargestellte Pflanze immer dieselbe ist. Wir benennen die Pflanze mit demselben Begriff, wie das Kind es tut – eine Pflanze, Strandhafer, Makkaroni – was immer es zufällig sagt. Im nächsten Schritt fordern wir das Kind auf, sich selbst zu zeichnen: als es ein Baby war, als es ein bißchen größer war, als es noch ein bißchen größer war und wie es jetzt ist. Dann stellen wir dieselben Fragen wie im Hinblick auf die Pflanze: ob alle diese Zeichnungen dieselbe Person darstellen, ob die Person immer es selbst ist. Auf einer relativ frühen Altersstufe wird das Kind bestreiten, daß in seinen verschiedenen Zeichnungen dieselbe Pflanze dargestellt ist. Es sagt: dies ist eine kleine Pflanze, und das ist eine große Pflanze – es ist nicht dieselbe Pflanze. Hinsichtlich der Zeichnungen von sich selbst jedoch wird es wahrscheinlich sagen, daß alle dieselbe Person zeigen. Wenn wir dann zu den Zeichnungen von der Pflanze zurückgehen, werden einige Kinder von ihren Gedanken über die Zeichnungen von sich selbst beeinflußt sein und nun sagen, sie erkennten, daß es sich in allen Zeichnungen um dieselbe Pflanze handelt; andere werden dies weiterhin bestreiten und behaupten, die Pflanze habe sich zu stark verändert, es sei jetzt eine andere Pflanze. Nun, dieses amüsante Experiment zeigt, daß die Veränderungen, die sich im logischen Denken der Kinder vollziehen, wenn sie älter werden, auch den Begriff der Identität selbst betreffen. In dieser Dimension kontinuierlicher Transformation und Veränderung verändert sich auch die Identität.[4]

[4] Philosophen haben oft gefragt, unter welchen Bedingungen »Dinge« oder »Personen« dieselben bleiben. In den entsprechenden Kontroversen kann nicht strenge Identität im logischen oder Leibnizschen Sinne gemeint sein. Strenge Identität entspricht der semantischen Tatsache, daß ein Konzept oder ein Objekt in einer bestimmten Sprache mehrere Namen haben kann. Zieht man dies in Betracht, so ist es offenkundig, daß sich unsere Experimente oft auf physikalische Identität oder auf psychologische Identität beziehen, auf Relationen, deren Evolution wir haben rekonstruieren können, und die durch die Tatsache charakterisiert sind, daß sie im Gegensatz zu Konzepten wie Zahl oder Raum kein Stadium eines stabilen Gleichgewichtes erreichen, auch nicht beim Erwachsenen. Diese Tatsache, die durch unsere genetische Analyse verständlich wird, mag die hitzigen Kontroversen über physikalische oder psychologische Identität in der angelsächsischen Literatur erklären.

4. Vorlesung

Sehen wir uns nun die Entwicklung der Begriffe der Geschwindigkeit und der Zeit näher an. Die traditionelle Auffassung von Geschwindigkeit und Zeit führt in einen Circulus vitiosus. Geschwindigkeit wird als eine Beziehung zwischen Zeit und Raum definiert – aber Zeit läßt sich allein auf der Basis einer konstanten Geschwindigkeit messen. Diesen Zirkel aufzulösen ist eine Aufgabe der genetischen Erkenntnistheorie; es muß herausgefunden werden, ob einer dieser beiden Begriffe grundlegender ist als der andere und ob wir den Zirkel durch Ableitung des weniger grundlegenden Begriffs vom fundamentaleren vermeiden können. Die Hypothese, die ich hier verteidigen möchte, lautet, daß der fundamentalere Begriff der komplexere und weniger differenzierte ist, nämlich der Begriff der Bewegung, der den der Geschwindigkeit einschließt. Ich werde zu zeigen versuchen, daß in demselben Sinne, wie der Raum eine Koordination von Positionsveränderungen ist, die Zeit als eine Koordination von Bewegungen oder von Geschwindigkeiten definiert werden kann. Positionsveränderungen sind natürlich nichts anderes als Bewegungen, die unter Absehung von der Geschwindigkeit der Bewegung betrachtet werden. Raum ist also eine Koordination von Bewegungen, ohne Geschwindigkeiten in Betracht zu ziehen, während Zeit nach meiner Hypothese die Koordination von Bewegungen *und* ihren Geschwindigkeiten ist.

Wir stoßen hier auf die überraschende Parallele, die zwischen Zeit und Raum besteht, eine Parallele, die sich in den Schriften von Newton, von Kant und zahlreichen anderen Philosophen sowie in der Relativitätstheorie, in der die beiden Dimensionen teilweise vermischt sind, findet. Aber trotz dieses Parallelismus gibt es drei wichtige Unterschiede zwischen Raum und Zeit, die ich jetzt diskutieren möchte. Zunächst: die Zeit ist irreversibel; wenn wir einen Tag durchlebt haben, können wir nicht zurückgehen und ihn noch einmal durchleben. Bewegungen im Raum sind hingegen reversibel; wir können von A nach B gehen und dann von B nach A zurückgehen. Der zweite Unterschied: der Raum kann unabhängig von seinen Inhalten betrachtet werden. Zwar ist es richtig, daß ein Aspekt des Raumes an seinen Inhalt gebunden ist und nicht von ihm abgelöst werden kann – nämlich der physikalische Raum in der Relativitätstheorie –, aber wir können den Raum trotzdem unabhängig von seinem Inhalt betrachten. Die Wissenschaft dieses unabhängigen Raumes ist die Wissenschaft der reinen Geometrie – rein in dem Sinne, daß sie in keiner Hinsicht durch den physikalischen Raum begrenzt ist. Zeit hingegen läßt sich nicht unabhängig von ihrem Inhalt betrachten. Zeit ist immer an Geschwindigkeiten gebunden, und Geschwindigkeiten haben nicht nur eine physikalische, sondern auch eine psychologische Realität. Wir können nicht in der gleichen Weise wie eine reine Geometrie auch eine reine Wissenschaft der Zeit oder eine reine Chronometrie entwickeln. Der dritte Unterschied ist von großer psychologischer Bedeutung: wir können eine geometrische Figur als Ganze wahrnehmen. Nehmen wir eine so einfache Figur wie eine Gerade als Beispiel –

wir können sie »auf einmal«, als simultan, wahrnehmen. Zeitliche Dauer hingegen, gleichgültig wie kurz sie sein mag, können wir nicht auf einmal erfassen. Sobald wir am Ende einer Dauer sind, läßt sich ihr Anfang nicht mehr wahrnehmen. Mit anderenWorten, jede Erkenntnis der Zeit setzt eine Rekonstruktion auf seiten des Erkennenden voraus, da der Anfang jeder Dauer bereits verloren ist und wir nicht in der Zeit zurückgehen können, um ihn wiederzufinden. Erkenntnis des Raumes ist unter psychologischem Gesichtspunkt deshalb sehr viel unmittelbarer und einfacher als Erkenntnis der Zeit.

Ich möchte nun, indem ich untersuche, was in Begriff und Wahrnehmung der Geschwindigkeit eingeht, meine Hypothese entfalten, daß der Begriff der Geschwindigkeit fundamentaler ist als der Begriff der Zeit und daß Zeit eine Koordination von Geschwindigkeiten ist. Aber ehe ich das tue, muß ich eine Unterscheidung klarmachen, die für das, was ich sagen möchte, wichtig sein wird: wenn wir Zeitbegriffe betrachten, haben wir es mit zwei Arten von Begriffen zu tun. Der eine Zeitbegriff bezieht sich auf die zeitliche Ordnung oder die Aufeinanderfolge von Ereignissen (A kommt vor B, B kommt vor C, C vor D usw.). Der zweite Zeitbegriff bezieht sich auf das Intervall zwischen zwei Ereignissen, das heißt, die Länge der Zeit von A bis B, von B bis C. Es ist offensichtlich, daß die Ordnung zeitlicher Ereignisse ohne jede Aufmerksamkeit auf die Dauer oder das Zeitintervall betrachtet werden kann. Wir gebrauchen den Begriff »Dauer«, um die Intervalle zwischen zeitlichen Ereignissen zu bezeichnen, und den Begriff »Ordnung«, um die bloße Aufeinanderfolge von Ereignissen ohne irgendeine Rücksicht auf die Zeitintervalle zu bezeichnen.

Wir haben gefunden, daß der klassische Begriff der Geschwindigkeit als einer Beziehung zwischen dem räumlichen Intervall und der zeitlichen Dauer erst sehr spät in der Entwicklung des Kindes auftritt, nämlich im Alter von etwa 9 oder 10 Jahren. Im Gegensatz dazu verfügt das Kind schon auf der präoperationellen Stufe – also schon vor dem Alter von 6 Jahren – über Intuitionen der Geschwindigkeit, die nicht auf diesem Verhältnis beruhen. Diese primitive Intuition beruht auf Sukzession, nicht auf Dauer; sie ist eine Intuition der Ordnung. Dieser Begriff der Geschwindigkeit, der nicht auf zeitlicher Dauer beruht, erweist sich als bedeutsam für unseren Versuch, den Circulus vitiosus zu vermeiden, denn diese frühe Intuition hat ihre Basis im Phänomen des Überholens. Wenn ein sich bewegendes Objekt ein anderes sich bewegendes Objekt einholt und überholt, werden selbst kleine Kinder sagen, das erste Objekt bewege sich schneller als das zweite. Diese primitive, auf dem Phänomen des Überholens beruhende Intuition der Geschwindigkeit[1] leitet sich von räumlichen und von zeitlichen Ordnungsbeziehungen ab, ohne daß irgendwelche Messungen notwendig wären. Zu einem Zeitpunkt war das

[1] Betrachten wir, um uns klarzumachen, wie vorsichtig man sein muß, ehe man etwas als »eine primitive Intuition« bestimmt, einen Moment lang die Bedeutung des Konzepts »Überholen«. Obwohl es klar ist, daß wir hier keine Koordination von gemessenem Raum und gemessener Zeit brauchen, könnten wir dennoch sagen, daß wir es hier mit einer Koordination von zeitlicher und räumlicher Ordnung zu tun haben. Denn: was bedeutet »Überholen« eigentlich?
1. In einem ersten Moment m_1 ist Objekt A hinter Objekt B.
2. In einem zweiten Moment m_2 sind A und B auf gleicher Höhe.
3. In einem dritten Moment m_3 ist A vor B.
Wir sehen: die zeitliche Reihe (m_1, m_2, m_3) wird mit der räumlichen Reihe (AB, BA) koordiniert.

Auto A hinter dem Auto B, und zu einem späteren Zeitpunkt war das Auto A vor dem Auto B – diese Wahrnehmung ist für die Bildung der frühesten Intuition der Geschwindigkeit ausreichend. Es läßt sich sehr leicht zeigen, daß diese Intuition der Geschwindigkeit jedem Begriff der Geschwindigkeit im klassischen Sinne als einer Beziehung zwischen einem räumlichen und einem zeitlichen Intervall vorausgeht. Um diese Priorität der Intuition nachzuweisen, haben wir u. a. die beiden folgenden Experimente ausgeführt.

Im ersten Experiment haben wir zwei nebeneinanderliegende Tunnel. Der eine ist länger als der andere, und Kinder haben keine Schwierigkeit, dies zu erkennen und auf den längeren zu zeigen. Wir haben außerdem zwei kleine Puppen, die sich in festgelegten Geschwindigkeiten auf Gleisen, die durch die Tunnel führen, bewegen. In der ersten Phase des Experiments lassen wir die Puppen zu genau demselben Zeitpunkt in die Tunnel hineingehen und zu genau demselben Zeitpunkt aus ihnen herauskommen. Es ist klar, daß die Puppe in dem längeren Tunnel schneller gegangen sein muß, doch die einmütige Antwort der jüngsten Versuchspersonen lautet, die beiden Puppen hätten sich in derselben Geschwindigkeit bewegt. Zwar geben die Kinder zu, daß die Puppen zur gleichen Zeit in die Tunnel hineingegangen und zur gleichen Zeit aus ihnen herausgekommen sind und daß die eine Puppe einen viel längeren Tunnel zu durchmessen hatte als die andere, aber nichtsdestoweniger behaupten sie, die beiden Puppen seien in derselben Geschwindigkeit gegangen – weil sie zu gleicher Zeit aus den Tunneln hervorgekommen sind. Dies ist ein Argument, das sich ausschließlich auf die Ordnung der Ereignisse bezieht. In der nächsten Phase des Experiments nehmen wir die Tunnel weg, so daß die Kinder sehen, wie sich die Puppen bewegen. Die eine Puppe hat nach wie vor eine längere Strecke zurückzulegen als die andere, und beide legen ihre Strecke wieder in derselben Zeit zurück. Diesmal sagen dieselben Kinder, die Puppe, die die größere Strecke zurücklege, gehe schneller – weil sie sehen können, daß sie die andere überholt. Sie koordinieren nicht die konstanten Geschwindigkeiten mit den verschieden langen Strecken, sondern reagieren bloß auf die Tatsache, daß die eine Puppe die andere überholt. In der dritten Phase des Experiments stellen wir wieder die Tunnel über die Gleise und wiederholen die erste Phase. Ein großer Teil unserer vier- und fünfjährigen Versuchspersonen behauptet nun wieder dasselbe wie in der ersten Phase: die beiden Puppen gehen in derselben Geschwindigkeit, weil sie zu gleicher Zeit aus den Tunneln herauskommen. Wenn wir die Kinder an die zweite Phase erinnern, in der sie gesagt hatten, die eine Puppe gehe schneller als die andere, antworten sie, ja, das sei richtig, sie erinnerten sich, aber jetzt gingen beide Puppen in derselben Geschwindigkeit, denn sie kämen ja zu gleicher Zeit heraus.

In einem anderen Experiment, das sich sehr einfach ausführen läßt, haben wir zwei konzentrische Gleise, auf denen z. B. Radfahrer fahren. Die Kinder erkennen, daß das äußere Gleis eine längere Strecke darstellt als das innere. Wir lassen die Radfahrer ihren Rundkurs nebeneinander durchfahren, so daß sie gleichzeitig wieder am Ausgangspunkt ankommen. Auch in diesem Falle behaupten die Kinder, die Radfahrer führen in derselben Geschwindigkeit, weil sie zur gleichen Zeit wieder zum selben Punkt zurückkehrten. Die Tatsache, daß das äußere Gleis eine längere Strecke darstellt und der äußere Radfahrer eine größere Entfernung zurückzulegen hat, ist für das Urteil der Geschwindigkeit bei diesen Kindern einfach irrelevant. Das einzige, was in ihre Definition der Geschwindigkeit eingeht, ist das Überholen, und da die Radfahrer nebeneinander bleiben, findet kein Überholen statt. Ihre Urteile der Geschwindigkeit beruhen offensichtlich nicht auf einer Beziehung zwischen Länge des Raumes einerseits und Länge der Zeit, derer es bedarf, um diesen Raum zu durchmessen, andererseits. Dies, so scheint mir, zeigt uns den Weg, der aus dem Circulus vitiosus herausführt; denn wir erkennen hier einen Begriff von Geschwindigkeit, der von dem klassischen Begriff der Beziehung eines Raummaßes zu einem Zeitmaß sehr verschieden ist.

Bevor wir uns andere Aspekte des Begriffs der Geschwindigkeit und einige Aspekte des Zeitbegriffs näher ansehen, möchte ich auf einige Experimente über die Wahrnehmung der Geschwindigkeit eingehen. Wir können auch dann, wenn es kein anderes Objekt überholt oder von keinem anderen Objekt überholt wird, wahrnehmen, daß ein Objekt sich schnell oder langsam bewegt. Wir müssen ein fahrendes Auto nicht mit einem anderen vergleichen, um zu erkennen, ob das Auto schnell oder langsam fährt. Worauf beruht ein Urteil dieser Art? Um diese Frage zu beantworten, haben wir die Wahrnehmung der Geschwindigkeit untersucht. Dabei haben wir mit Kindern und Erwachsenen gearbeitet, da die Wahrnehmung sich mit dem Alter sehr viel weniger verändert als die Intelligenz. Der amerikanische Pychologe Brown, der dieses Thema vor einiger Zeit studiert

hat, hat zu zeigen versucht, daß unsere Wahrnehmungen
der Geschwindigkeit aus einer Beziehung zwischen unseren Wahrnehmungen des Raumes und unseren Wahrnehmungen der Zeit, d. h. unseren subjektiven Eindrük-
ken vom Raum und unseren subjektiven Eindrücken von
der Zeit resultieren. Dies ist natürlich das Gegenteil der
Ansicht, die ich vertrete, und ich möchte jetzt über einige
unserer für diese Diskussion wichtigen experimentellen
Befunde berichten.

Es gibt eine klassische Wahrnehmungstäuschung, auf
der wir eine Reihe unserer Experimente aufgebaut haben.

Die Versuchsperson blickt auf eine Linie, an der entlang
ein Objekt sich in konstanter Geschwindigkeit von links
nach rechts bewegt. Die linke Hälfte der Linie ist durch
kleine vertikale Markierungen unterbrochen, während
die rechte Hälfte frei von Hindernissen verläuft. Es ist ein
allgemeines perzeptuelles Phänomen, daß sich das Objekt im Bereich der vertikalen Markierungen schneller zu
bewegen scheint als im Bereich der anderen Hälfte der
Linie. Bei dieser experimentellen Anordnung können
wir die Versuchspersonen nicht nur auffordern, die Geschwindigkeit zu beurteilen, sondern auch, die Länge der
Zeit, die das Objekt für das Passieren der linken Hälfte
braucht, mit der, die es für die rechte Hälfte benötigt, zu
vergleichen; außerdem können wir nach ihrem Urteil
über die Länge der beiden Teile der Linie fragen. Wir sagen ihnen nicht, daß die eine Hälfte der Linie mit vertikalen Markierungen versehen ist und die andere Hälfte
nicht, sondern fragen nur nach ihrem Urteil über die relative Länge des mit Markierungen versehenen Teils und
des Teils ohne Markierungen. Auf diese Weise können

wir entscheiden, ob die Ansicht Browns gerechtfertigt ist oder nicht. Wir können sehen, ob die Urteile einer Versuchsperson über Geschwindigkeit, räumliche Entfernung und zeitliches Intervall mit dem Verhältnis Geschwindigkeit gleich Raum zu Zeit übereinstimmt. Wir haben diese Experimente mit erwachsenen Versuchspersonen ausgeführt, und zwar in jeweils drei verschiedenen Sitzungen. Keine Vp hat Zeit und Geschwindigkeit oder Entfernung und Geschwindigkeit in derselben Sitzung beurteilt. Trotzdem haben wir, als wir die Urteile jeder Vp miteinander verglichen, gefunden, daß 60 Prozent der Vpn in ihren Urteilen inkonsistent waren. Eine Vp mag z. B. sagen, daß das Objekt auf seinem Weg entlang der Linie für den linken Teil genausoviel Zeit brauchte wie für den rechten Teil. In einer anderen Sitzung mag sie sagen, daß der linke Teil kürzer sei als der rechte. Und in wieder einer anderen Sitzung mag sie sagen, daß das sich bewegende Objekt den linken Teil schneller zurücklegte als den rechten. Auf der Basis des Verhältnisses Geschwindigkeit gleich Raum zu Zeit sind dies offensichtlich unvereinbare Urteile. Bei Kindern war die Anzahl der Inkonsistenzen noch höher: 75 bis 80 Prozent urteilten inkonsistent. Jedenfalls ist sehr deutlich, daß die Resultate bei Erwachsenen wie bei Kindern sich nicht mit der Ansicht von Brown in Einklang bringen lassen. Wir müssen uns also nach einer anderen Hypothese umsehen, um unsere Wahrnehmung der Geschwindigkeit zu erklären. Meine Hypothese lautet: die Wahrnehmung der Geschwindigkeit beruht auf derselben Art von Ordnungsbeziehungen wie der Begriff der Geschwindigkeit. Und ich glaube, daß sich diese Annahme in drei verschiedenen Arten von Situationen bestätigen läßt.

In der ersten Situation haben wir zwei sich bewegende Objekte, von denen das eine das andere überholt. Tatsächlich haben wir in unseren Experimenten gefunden, daß ein sich bewegendes Objekt seine Geschwindigkeit in dem Augenblick zu erhöhen scheint, in dem es ein anderes überholt. Überholen scheint also nicht nur für unsere Intuition, sondern auch für die eigentliche Wahrnehmung der Geschwindigkeit eine Rolle zu spielen.

In der zweiten Situation haben wir nur ein einziges sich bewegendes Objekt, und in diesem Fall scheint es schwierig zu sein, die Ordnungsbeziehung des Überholens zu entdecken. Aber in dieser Situation können sich unsere Augen bewegen, wie sie wollen. Folglich haben wir wiederum zwei Dinge, die sich bewegen – das Objekt, auf das wir blicken, und unsere Augen. Betrachten wir z. B. das eben diskutierte Experiment, in dem ein Objekt sich entlang einer Linie bewegt und dabei vertikale Markierungen passiert; offenbar verhält es sich so, daß das Auge, das der Bewegung des Objektes folgt, an jeder Markierung einen winzigen Moment lang innehält, während das Objekt sich stetig weiterbewegt, so daß die Bewegung des Auges die des Objektes immer wieder einholen muß. Dies würde erklären, warum das Objekt sich längs des mit Markierungen versehenen Teils der Linie schneller zu bewegen scheint als längs des anderen Teils.

In der dritten Situation haben wir wieder nur ein einziges sich bewegendes Objekt, aber unsere Augen bleiben fixiert, blicken auf einen festen Punkt. Ich kann meinen Blick z. B. auf das »Rauchen verboten«-Schild fixieren und kann, ohne die Augen zu bewegen, sagen, ob eine Person, die an dem Schild vorbeigeht, schnell oder langsam geht. Auch in diesem Fall scheint es schwierig zu sein, als Basis unseres Urteils der Geschwindigkeit ein sich bewegendes Objekt zu entdecken, das ein anderes überholt. Nun, wenn das Objekt sich durch das Gesichtsfeld bewegt, erregt es gleichzeitig eine bestimmte Anzahl von Zellen in der Netzhaut. Ich nenne die Gruppe von Zellen, die in einem bestimmten Moment stimuliert werden, den Erregungszug; dieser Zug bildet hier die Quelle der beiden sich bewegenden Objekte: die erste Zelle im Erregungszug wäre das eine, die letzte Zelle im Zug das andere Objekt – oder, wenn Sie wollen, die Lokomotive wäre das erste und der Bremswagen am Schluß des Zuges das zweite Objekt. Je schneller nun ein Objekt unser Gesichtsfeld kreuzt, desto größer ist die Entfernung zwischen der ersten und der letzten Zelle, und diese Zunahme der Entfernung führt zu unserem Urteil einer höheren Geschwindigkeit. Auf die gleiche Weise läßt sich übrigens die Tatsache erklären, daß in dieser dritten Situation – in der ein Objekt unser Gesichtsfeld kreuzt und unsere Augen fixiert sind – das Objekt sich zu beschleunigen scheint, wenn es die Region der Fovea (die Stelle schärfsten Sehens) passiert. In dieser Region sind die Zellen dichter, so daß, wenn sich das Objekt durch diese Region bewegt, zwischen dem Anfang und dem Ende des Erregungszuges mehr Zellen liegen. Dadurch entsteht der Eindruck, an dieser Stelle erhöhe sich die Geschwindigkeit des Objekts.

Zur Ordnungsnatur unserer Wahrnehmungen und Intuitionen der Geschwindigkeit möchte ich noch zwei abschließende Bemerkungen machen. Die eine bezieht sich auf die physiologischen Arbeiten von Letvin am Massachusetts Institute of Technology. Letvin hat u. a. die Reaktionsfähigkeit der Netzhaut bei Fröschen untersucht und eine primitive Wahrnehmung der Geschwindigkeit gefunden. Eine entsprechend primitive Wahrnehmung der Zeit hat er indes nicht feststellen können.

Die zweite Bemerkung bezieht sich auf die Arbeit zweier französischer Physiker. Sie haben versucht, eine neue Axiomatisierung der Physik zu finden, die sich als Basis der Relativitätsphysik eignet. Unter anderem wollten sie das Problem des Circulus vitiosus in den Begriffen der Geschwindigkeit und der Zeit vermeiden. Diesen beiden Physikern kommt das große Verdienst zu, sich psychologische Untersuchungen über Begriff und Wahrnehmung der Geschwindigkeit und der Zeit angesehen zu haben, wobei sie auch auf unsere Arbeit stießen. In unserer Hypothese des Ordnungsbegriffs der Geschwindigkeit fanden sie eine Möglichkeit, einen von zeitlicher Dauer unabhängigen Begriff der Geschwindigkeit in ihre formale Struktur einzuführen – wodurch sie dem Zirkel entgehen konnten. Für mich ist es interessant und bedeutsam, daß sich hier die Einflüsse von einem Zweig der Forschung auf einen anderen zu einem vollen Kreis geschlossen haben. Denn es war der Autor der Relativitätstheorie, der unsere Arbeit angeregt hat, die sich dann umgekehrt anderen Physikern beim Ausbau der axiomatischen Basis der Relativitätstheorie als nützlich erwiesen hat. Ich möchte mich jetzt dem Begriff der Zeit zuwenden. Während, wie wir gesehen haben, es eine primitive Intuition der Geschwindigkeit gibt, findet sich im Hinblick auf die Zeit nichts Entsprechendes; der Begriff der Zeit ist eine intellektuelle Konstruktion, eine Beziehung zwischen einer Aktion – etwas, was getan wird – und der Geschwindigkeit, mit der es getan wird.

Es läßt sich sehr leicht zeigen, daß in der Entwicklung des Zeitbegriffs bei kleinen Kindern diese Beziehung keine primitive Intuition ist. Zeiturteile beruhen darauf, wieviel getan worden ist oder wie schnell eine Aktion ausgeführt worden ist, ohne daß beides unbedingt in Beziehung zueinander gesetzt worden sein müßte. Sehen wir uns z. B. die Entwicklung des Begriffs der Gleichzeitigkeit näher an. In einem unserer Experimente hat der Versuchsleiter in jeder Hand eine kleine Puppe, und er läßt die beiden Puppen nebeneinander über den Tisch gehen (eigentlich gehen sie nicht, sondern bewegen sich in Sprüngen vorwärts, wobei sie den Tisch nach jedem Sprung zusammen berühren). Das Kind sagt: los; die beiden Puppen hüpfen zu genau derselben Zeit und in derselben Geschwindigkeit los. Das Kind sagt: halt, die beiden Puppen bleiben nebeneinander stehen, haben also genau dieselbe Entfernung zurückgelegt. Angesichts dieser Situation geben die Kinder ohne weiteres zu, daß die Puppen zur gleichen Zeit losgingen und zur gleichen Zeit stehenblieben. Aber wenn wir die Situation ein wenig verändern, und zwar so, daß der Sprung der einen Puppe jedesmal ein bißchen länger ist als der der anderen, wird, wenn das Kind »halt« sagt, die eine Puppe weiter gekommen sein als die andere. Angesichts dieser Situation wird das Kind zugeben, daß die Puppen gleichzeitig losgingen, aber es wird bestreiten, daß sie auch zur gleichen Zeit stehenblieben. Es wird sagen, daß die eine zuerst stehenblieb; sie ging nicht so weit wie die andere. Wir fragen dann: »Als sie stehenblieb, da ging die andere noch weiter?« Das Kind wird die Frage verneinen. Wir fragen weiter: »Als die andere stehenblieb, da ging diese noch weiter?« Und das Kind wird auch diese Frage verneinen. Es liegt hier also keine Wahrnehmungstäuschung vor. Schließlich fragen wir noch einmal: »Dann sind sie zur gleichen Zeit stehengeblieben?« Aber das Kind wird wieder antworten: »Nein, sie sind nicht zur gleichen Zeit stehengeblieben, weil diese nicht so weit gegangen ist.« Wenn der Begriff der Gleichzeitigkeit – zwei Dinge geschehen zur gleichen Zeit – sich auf zwei qualitativ verschiedene Bewegungen bezieht, verstehen ihn diese Kinder einfach nicht. Wenn er sich, wie in der ersten Situation beschrieben, auf zwei qualitativ ähnliche Bewegungen, die in derselben Geschwindigkeit ablaufen, bezieht, ist er verständlich, doch wenn es sich um zwei verschiedene Arten von Bewegungen handelt, ist er einfach unverständlich. Es gibt keine primitive Intuition der Gleichzeitigkeit, und zwei Bewegungen sind qualitativ verschieden. Hier bedarf es einer intellektuellen Konstruktion.

Etwas ältere Kinder werden zugeben, daß die beiden Puppen zur gleichen Zeit stehenblieben, aber sie haben noch Schwierigkeiten mit der Frage, ob die Puppen sich gleich lange Zeit fortbewegt haben, das heißt, sie haben Schwierigkeiten mit Fragen des Zeitintervalls oder der Zeitdauer. Sie werden sagen, daß die Puppen zur gleichen Zeit losgegangen und zur gleichen Zeit stehengeblieben seien, daß aber die eine Puppe eine längere Zeit gegangen sei – »weil sie weiter gegangen ist«. Es wird hier sehr deutlich, daß der Zeitbegriff seine Basis im Maß der ausgeführten Aktion oder in der Geschwindigkeit, in der die Aktion ausgeführt wird, hat, aber Aktion und Geschwindigkeit werden von diesen Kindern noch nicht in Beziehung zueinander gesetzt, so daß sich bei ihnen noch kein konsistenter Begriff zeitlicher Dauer entwickelt haben kann. Eine Zeitperiode kann nicht von dem getrennt werden, was während dieser Periode getan wird.

Ein anderes Experiment zum Studium dieser Begriffe ist noch einfacher. Wir befestigen den Stamm eines Y-förmigen Schlauches an einem Wasserhahn, so daß es zu einem gleichmäßigen Wasserfluß aus jedem der beiden Zweige kommt. Jeder Zweig mündet in ein besonderes Gefäß. Wenn die zwei Gefäße dieselbe Größe und Form haben und wir die Kinder nach dem Wasserfluß fragen, wenn wir den Hahn aufdrehen, werden sie zugeben, daß das Wasser gleichzeitig in die beiden Gefäße zu fließen beginnt, gleichzeitig aufhört zu fließen und gleich lange Zeit in beide Gefäße geflossen ist. Haben wir jedoch verschieden geformte Gefäße, so daß das Wasser nach einer bestimmten Zeit in dem einen Gefäß höher steigt als im anderen, haben die Kinder wieder dieselben Schwierigkeiten wie die, über die wir gerade gesprochen haben; sie behaupten, das Wasser sei längere Zeit in das Gefäß gelaufen, in dem es höher gestiegen ist.

In vielen Fällen können wir dem Kind die zeitliche Übereinstimmung »beweisen«, indem wir ihm eine Uhr oder ein anderes Instrument zur Zeitmessung geben, aber wir finden regelmäßig, daß dies überhaupt nichts hilft, weil diese Kinder keinen Begriff von der Konstanz der Geschwindigkeit des Meßinstrumentes haben. Wenn die Uhr das eine Mal weiter läuft als das andere Mal, so kann in ihrer Sicht der Situation der Grund dafür sehr wohl sein, daß sie dieses Mal schneller läuft. Oder: wenn Sand gleich lange Zeit durch zwei Eieruhren läuft, das Kind aber glaubt, die beiden Ereignisse dauerten verschieden lange, so behauptet es einfach, daß der Sand in der einen Eieruhr schneller lief als in der anderen oder in derselben Eieruhr das eine Mal schneller lief als das andere Mal. Auf dieser Stufe der Entwicklung ist kein Begriff davon vorhanden, daß die Geschwindigkeit in diesen Instrumenten konstant bleibt.

Als abschließende Bemerkung zu den präoperationellen Zeitbegriffen möchte ich darauf hinweisen, daß manche Kinder glauben, schneller bedeute längere Zeit. Wenn wir ein solches Kind z. B. fragen, wieviel Zeit es für seinen Schulweg brauche, mag es sagen: eine Viertelstunde. Wenn wir dann weiter fragen, ob der Weg, wenn es die Strecke nicht gehe, sondern renne, länger oder kürzer als eine Viertelstunde dauere, wird es in vielen Fällen sagen, daß er jetzt länger als eine Viertelstunde dauere. Auch hier zeigt sich wieder die Unfähigkeit, die richtige Beziehung zwischen dem Maß an getaner Arbeit und der Geschwindigkeit, in der sie getan wird, herzustellen, die Beziehung, aus der sich die relative Zeitdauer ergibt. Es ist, als dächte das Kind: schneller bedeutet, daß mehr getan wird, und es wird mehr getan bedeutet, daß mehr Zeit gebraucht wird.

Ein oder zwei Worte zur subjektiven oder psychologischen Zeit dürften ebenfalls nützlich sein. Auf den ersten Blick mag es scheinen, dies sei eine ganz andere Frage, da wir von der subjektiven Zeit einen unmittelbaren Eindruck zu haben scheinen; doch bei näherem Zusehen erkennen wir, daß hier dieselbe Beziehung im Spiel ist. Unser subjektiver Eindruck der Zeit hängt einerseits von den Aktionen, die wir ausführen, oder dem Maß an Arbeit, das getan wird, ab, und andererseits von der Geschwindigkeit, in der die Arbeit getan wird. Warum z. B. scheint die Zeit kürzer zu sein, wenn wir etwas tun, was uns interessiert? Die Antwort ist sehr einfach. Dewey und auch Clarapède haben schon vor langer Zeit darauf hingewiesen, daß Interesse die Geschwindigkeit, mit der eine Arbeit getan wird, verstärkt oder erhöht.

In dieser Frage bin ich teilweise (nur teilweise) anderer Ansicht als mein Kollege Fraisse, ein Experte auf dem Gebiet der Psychologie der Zeit. Er glaubt, der subjektive Eindruck der Zeit sei eine Funktion der Anzahl der Ereignisse oder der Anzahl der Veränderungen, die die Versuchsperson bemerkt. Mit anderen Worten, je vielfältiger die Inhalte unserer Erfahrung, desto länger scheint die Zeit zu sein. Was in dieser Hypothese zu fehlen scheint, ist der Begriff der Anzahl der Ereignisse in Beziehung zu einer festgelegten Zeiteinheit, das heißt, ein Begriff der Häufigkeit der Ereignisse. Mir scheint, daß dieses Element der Häufigkeit, das eine Form der Geschwindigkeit darstellt, in Fraisses Bezugssystem verborgen ist. Sehen wir uns das folgende Experiment an, das Fraisse zuerst ausgeführt hat und das wir wiederholt haben. Im Verlauf einer Minute werden den Kindern verschiedene Bilder gezeigt. In einem Falle werden ihnen 16 Bilder pro Minute gezeigt; in einem anderen Falle 32 Bilder pro Minute. Kleine Kinder unter 7 Jahren urteilen, daß die Zeit, wenn sie 32 Bilder in der Minute sehen, länger ist, als wenn sie 16 Bilder in der Minute sehen. Dies scheint die Hypothese von Fraisse zu unterstützen; wenn wir dasselbe Experiment jedoch mit etwas älteren Kindern ausführen – mit sieben- oder achtjährigen –, finden wir das umgekehrte Urteil. Diese Kinder scheinen zu urteilen, daß die Zeit dann kürzer ist, wenn sie 32 Bilder sehen.

Es scheint sehr deutlich zu sein, daß hier die Geschwindigkeit der Ereignisse eine Rolle für das Zeiturteil spielen muß, ja, die Geschwindigkeit scheint die entscheidende Rolle zu spielen.

Ich will meine Bemerkungen zum Zeitbegriff abschließen, indem ich festhalte: der Zeitbegriff setzt eine Konstruktion voraus – eine intellektuelle Konstruktion auf seiten des Kindes –, die auf Operationen aufbaut, die den am logisch-mathematischen Denken beteiligten Operationen gleichen. In den Zeitbegriff gehen drei Arten von Operationen ein. Erstens: Operationen der Reihenbildung, der Ordnung der Ereignisse in der Zeit – B kommt nach A, C nach B, D nach C usw. Zweitens: Operationen, die den Operationen der Klasseninklusion entsprechen – wenn Ereignis B auf Ereignis A folgt und Ereignis C auf Ereignis B folgt, müssen wir in der Lage sein, operationell zu schließen, daß das Zeitintervall AC länger ist als das Zeitintervall AB. Dies entspricht in der Logik der Klassen dem Begriff, daß das Ganze größer ist als ein Teil, oder daß eine ganze Klasse – die Gesamtklasse – größer ist als eine Unterklasse. Und drittens: Operationen der Zeitmessung, die die Synthese der beiden anderen Arten von Operationen darstellen – ebenso wie die Operationen, die mit dem Zahlbegriff arbeiten, die Synthese aus Operationen der Ordnung und der Klassifizierung darstellen.[2]

[2] Man könnte fragen, wie jemand, der Intelligenz vermittels reversibler Strukturen definiert, den Begriff der Zeit verständlich machen kann, der ja gerade durch reine Irreversibilität charakterisiert ist. Unsere Antwort ist einfach: diese physikalisch irreversible Zeit ist im Denken reversibel – vermittels unserer reversiblen interiorisierten Operationen: wir können rückwärts und vorwärts gehen, von der Gegenwart in die Vergangenheit und von der Vergangenheit in die Gegenwart.

Schluß

Diese wenigen Beispiele mögen deutlich gemacht haben, warum ich das Hauptproblem der genetischen Erkenntnistheorie in der Erklärung der Konstruktion neuer Erkenntnisse sehe. In der Sicht des Empiristen ist eine »Entdeckung« für die Person, die sie macht, neu, aber das, was entdeckt wird, war in der äußeren Realität bereits vorhanden – eine Konstruktion neuer Realitäten gibt es hier nicht. Der Nativist oder Apriorist behauptet, die Formen der Erkenntnis seien im Subjekt prädeterminiert – strenggenommen kann es also auch hier nichts Neues geben. Im Gegensatz dazu geht für den genetischen Erkenntnistheoretiker Erkenntnis aus kontinuierlicher Konstruktion hervor, da in jeden Verstehensakt ein gewisses Maß an Invention eingeht; der Übergang von einer Entwicklungsstufe zur nächsten ist immer durch die Bildung neuer Strukturen charakterisiert, die vorher nicht existierten, weder in der äußeren Welt, noch in der Seele des Subjekts. Das zentrale Problem der genetischen Erkenntnistheorie besteht in der Erklärung des Mechanismus dieser Konstruktion neuer Erkenntnisse. Dieser Mechanismus zwingt uns, Erklärungsfaktoren einzuführen, die wir als *reflektive Abstraktion* und *Selbstregulation* bezeichnen, Faktoren, die indes nur globale Erklärungen liefern. Es bedarf noch eines guten Teils Arbeit, um diesen grundlegenden Prozeß intellektueller Erzeugung, der sich vom Erkennen in der frühesten Kindheit bis zu den höchsten wissenschaftlichen Entdeckungen auf allen Ebenen der Kognition findet, zu klären.

Anhang

Jean Piaget
Autobiographie*

Ich wurde im Jahre 1896 geboren. Meine Universitäts-
ausbildung konzentrierte sich auf die Gebiete der Biologie und der Philosophie, und zwischen 1911 und 1925
veröffentlichte ich ungefähr 25 Studien über auf dem
Land oder im Wasser lebende Mollusken. Dieses Trai-
ning war für meine späteren psychologischen Untersuchungen außerordentlich nützlich und formte in mir die
Gewohnheit, gleichzeitig unter dem Gesichtspunkt der
Anpassung an die Umwelt und unter dem Gesichtspunkt
einer intern regulierten Entwicklung auf seiten des Subjekts zu denken.
Ich wollte mich der Biologie verschreiben, hatte aber ein
ebenso großes Interesse an den Problemen objektiver
Erkenntnis und der Erkenntnistheorie. Meine Entscheidung, die Entwicklung der kognitiven Funktionen beim
Kinde zu untersuchen, hing mit meinem Wunsch zusammen, die beiden Interessen in einer Tätigkeit zu be-
friedigen. Denn: faßte man Entwicklung als eine Art
mentaler Embryogenese auf, konnte man eine biologische Theorie der Erkenntnis konstruieren. Zwischen
1921 und 1967 sind eine Reihe von Untersuchungen über
das Denken bei Kindern erschienen, und es werden noch
weitere folgen. Indes habe ich biologische Studien nicht

* Diese Autobiographie schrieb Piaget für Band II der *McGraw-Hill
Modern Men of Science*, ein Supplement der *McGraw-Hill Encyclope-
dia of Science and Technology*.

völlig aufgegeben und in dieser Zeit auch einige zoologische (1929, 1965) und botanische (1966) Forschungsarbeiten veröffentlicht. Erst kürzlich habe ich eine Synthese dieser verschiedenen Interessen vollendet, in dem 1967 bei Gallimard erschienenen Buch *Biologie et connaissance*. Dort habe ich eine biologische Erkenntnistheorie zu formulieren versucht, die mir immer vorgeschwebt hatte.

Im folgenden möchte ich meine Arbeit mit Kindern etwas genauer beschreiben. Bei meinen ersten Studien über die Bildung der Intelligenz und des Denkens bei Kindern, Untersuchungen über die Beziehungen zwischen Sprache und Denken, über das Argumentieren beim Kinde, seine Repräsentation der äußeren Welt, sein moralisches Urteil und seine Vorstellungen über physikalische Kausalität, verwandte ich vorwiegend sprachliche Methoden. Diese fünf Untersuchungen waren auf verbale Fragen und Antworten beschränkt, ohne daß den Kindern konkrete Gegenstände gegeben wurden, mit denen sie umgehen konnten. Die Resultate der ersten Arbeiten waren daher begrenzt und dienten nur dazu, Probleme zu formulieren, die damals neu waren.

Um das Jahr 1936 herum konnte ich, nachdem ich die Entwicklung meiner eigenen drei Kinder Tag um Tag kritisch beobachtet hatte, *Das Erwachen der Intelligenz beim Kinde; Der Aufbau der Wirklichkeit beim Kinde; Nachahmung, Spiel und Traum* veröffentlichen. In diesen drei Werken habe ich zum erstenmal die Entwicklung der Intelligenz und des Denkens auf der Basis senso-motorischer Verhaltensakte untersucht. Vor allem in den beiden ersten konnte ich die psychologischen Probleme der Denkentwicklung in einer erkenntnistheoretischen Perspektive studieren. Durch eine Analyse der Weise, in der die Begriffe des konstanten Objekts (bis zum achten oder neunten Monat wird von Objekten, die hinter einer Wand versteckt werden, nicht geglaubt, daß ihre Existenz erhalten bleibt), des Raums und der Zeit und kausale Beziehungen re-etabliert werden, konnte ich zeigen, daß sie nicht einfach das Resultat der Wahrnehmung oder der Erfahrung in dem Sinne sind, in dem die Empiristen diesen Begriff gebrauchen. Vielmehr entdeckte ich, daß es zur Bildung dieser Grundstrukturen einer beständigen organisierenden Aktivität des Subjekts bedurfte.

Später, als ich mit A. Szeminska *Die Entwicklung des Zahlbegriffs beim Kinde* und mit B. Inhelder *Die Entwicklung der physikalischen Mengenbegriffe beim Kinde* untersuchte, gewann ich eine Perspektive in bezug auf die Entwicklung der Intelligenz, die sich von derjenigen meiner ersten Bücher unterschied. Ich glaubte jetzt, daß der zentrale Mechanismus der Intelligenz in der Konstruktion von Operationen zu sehen ist, die sich von den allgemeinen Koordinationen von Verhaltensakten ableiten, da die grundlegenden Operationen wie Verbinden (bezogen auf Inklusion und Klassifikation), Reihenbildung (bezogen auf Ordnung, Kettenbildung und asymmetrische Beziehungen), Gleichsetzen, In-Entsprechung-Setzen etc. Verhaltensakte sind, die interiorisiert (zum Teil mit Hilfe der Sprache, aber nicht aufgrund der Sprache), reversibel (durch Inversion und Reziprozität) und in ganzheitlichen Strukturen koordiniert sind. Zu jener Zeit begann ich, diese Strukturen formal *(Classes, relations et nombres,* 1942, und *Traité de logique,* 1949) und vor allem auch experimentell zu untersuchen. Auf diese Bemühungen gehen die erwähnten Bücher über die Zahl- und Mengenbegriffe wie auch die beiden Bücher *Die Bildung des Zeitbegriffs beim Kinde* und *Les notions de mouvement et de vitesse chez l'enfant* zurück. Mit B. Inhelder zusammen machte ich dann eine Reihe von Untersuchungen über Raum, Zufall, elementare logische Strukturen, und wir veröffentlichten das Buch *De la logique de l'enfant à la logique de l'adolescent*. Diese zahlreichen Werke zeigen deutlich, daß operationelle Strukturen durch die Bildung von Erhaltungsbegriffen charakterisiert sind (Erhaltung eines Ganzen, einer Menge, im konkreten Material, der Länge, der Oberflächen, etc.). Die Anfänge solcher Begriffe lassen sich schon zwischen dem vierten und sechsten Lebensjahr auf der präoperationellen Stufe des Denkens beobachten.

Über einen langen Zeitraum untersuchte ich die Entwicklung der Wahrnehmung bei Kindern (*Les mécanismes perceptifs*, 1961). Zusammen mit B. Inhelder veröffentlichte ich 1966 *L'image mentale chez l'enfant*, und kürzlich habe ich eine Untersuchung über das Gedächtnis, wie es sich zwischen drei bis vier und zwölf Jahren entwickelt, abgeschlossen. In allen diesen Untersuchungen haben wir das besondere Phänomen immer auf die Entwicklung der intellektuellen Operationen bezogen.

Mein drittes Hauptinteresse ist die Erkenntnistheorie. Die philosophische Erkenntnistheorie fragt nach der Natur der Erkenntnis im allgemeinen. Da aber jegliche Erkenntnis sich ständig weiterentwickelt und in keinem Zweig als abgeschlossen angesehen werden kann, erschien es mir wissenschaftlicher, das Problem zu reformulieren: »Wie kommt Erkenntnis zustande?« Diese Frage impliziert den Versuch, Erkenntnis durch ihre Bildung und Entwicklung zu erklären, eine These, die in den drei im Jahre 1950 erschienenen Bänden *Introduction à l'épistémologie génétique* ausführlich entfaltet ist. Auf der Grundlage der dort vorgetragenen Ideen wurde zusammen mit zahlreichen Mitarbeitern in Genf ein »Internationales Zentrum für genetische Epistemologie« gegründet, das inzwischen schon 22 Bände herausgebracht hat. Erst vor kurzem ist *Logique et connaissance scientifique* als ein Band der *Encyclopédie de la pleiade* erschienen, in dem gegenwärtige und frühere Mitglieder des Zentrums an einer neuen Fassung erkenntnistheoretischer Fragen zusammen gearbeitet haben. Ich halte Erkenntnistheorie für eine von der Philosophie unterschiedene Wissenschaft, eine Behauptung, die ich inzwischen unmittelbarer in einem kleinen Buch dargelegt habe, das einige lebhafte Diskussionen ausgelöst hat. In diesem Buche, *Sagesse et illusions de la philosophie*, vertrete ich die Ansicht, daß Philosophie, solange ihr Vorgehen sich nicht zu einer Einzelwissenschaft herausbildet, wie es eben in der genetischen Epistemologie der Fall ist, zu »Klugheit« führen kann, nicht aber zu »Erkenntnissen«.

Glossar

Wichtige Begriffe der genetischen Erkenntnistheorie Piagets*

Abstraktion, formale oder *reflektive* – Rückkopplung der koordinierenden oder operationellen Aktivitäten mit der inneren Organisation, wodurch diese befähigt wird, die allgemeine Form der Aktivitäten zu »reflektieren«. Formale, reflektive Abstraktion ist die Hauptquelle für die Entwicklung der Intelligenz qua allgemeiner, logischer Erkenntnis.

Abstraktion, sinnliche oder *empirische* – Rückkopplung mit dem Resultat von Verhaltensakten in bezug auf sinnlich wahrnehmbare Objekte oder Qualitäten. Sinnliche Abstraktion setzt den Bezugsrahmen der formalen Abstraktion voraus und führt zu kritischer, objektiver Erkenntnis der äußeren Welt.

Adaptation, Anpassung – Ein Gleichgewichtszustand einer biologischen Organisation innerhalb ihrer Umwelt. Im Verhalten: eine Äquilibration zwischen Assimilation und Akkommodation.

Affektivität – Der Aspekt des Verhaltens, der mit Interesse, Motivation, Dynamik, Energie zu tun hat. Er ist mit dem strukturellen Aspekt des Erkennens unauflöslich verknüpft.

Akkommodation – Der nach außen gerichtete Prozeß eines operativen Aktes, der sich auf einen besonderen Realitätszustand bezieht. Die Akkommodation wendet eine allgemeine Struktur auf eine besondere Situation an; als solche enthält sie immer ein Element von Neuheit. In einem eingeschränkten Sinne führt die Akkommodation an eine neue Situation zur Differenzierung einer schon ausgebildeten Struktur und somit zum Auftreten neuer Strukturen.

Aktion, Akt, Verhaltensakt – Ein funktioneller Austausch zwischen einer biologischen Organisation und der Umwelt, der eine interne Struktur voraussetzt und zu einer Strukturierung der Umwelt führt. Akte sind für Piaget nicht bloß externe Akte. Aktion ist im allgemeinen synonym mit Verhalten.

Angeboren – Bei der Geburt oder Empfängnis vorhanden. »Ange-

---

* aus Hans G. Furth, *Intelligenz und Erkennen. Die Grundlagen der genetischen Erkenntnistheorie Piagets*. Theorie, Suhrkamp Verlag, Frankfurt 1972

boren« wird häufig als Gegensatz zu »erlernt« gebraucht, doch das Lernen im Verlauf der Evolution ist ein ebensolches Lernen wie das im Verlauf der (individuellen) Entwicklung. Angeborene Verhaltensmuster heißen Instinkte.

Anpassung – siehe Adaptation

Äquilibration – Der interne Regulationsfaktor einer biologischen Organisation; er manifestiert sich in allen Lebensäußerungen, besonders deutlich in der Entwicklung der Aktivität der Intelligenz. Die Intelligenz macht die einer Organisation immanenten Regulationen explizit. Als Prozeß ist die Äquilibration der Regulationsfaktor, der Evolution und Entwicklung miteinander verbindet; als Zustand (als ein Gleichgewicht) ist sie ein immer neues Ausgleichen aktiver Kompensationen.

Assimilation – Der inkorporierende Prozeß eines operativen Aktes. Ein In-sich-Aufnehmen von Umweltdaten, nicht in einem kausalen, mechanistischen Sinne, sondern als Funktion einer internen Struktur, die kraft ihrer eigenen Natur – durch Assimilation potentiellen Materials aus der Umwelt – nach Betätigung strebt.

Begriff – siehe Konzept

Denken – Aktive Intelligenz oder aktives Erkennen, gewöhnlich auf (im weiten Sinne) operationelle Aktivitäten eingeschränkt.

Empirismus – Eine philosophische Ansicht, die behauptet, daß alle Erkenntnis – einschließlich logisch notwendiger Wahrheit – ihren angemessenen und zureichenden Grund n Informationen hat, die letztlich von den Sinnen stammen; der Empirismus nimmt an, daß Objektivität einfach »da draußen« gegeben ist.

Epistemologie, Erkenntnistheorie – Die theoretische Wissenschaft, die sich auf die Natur der Erkenntnis bezieht, insbesondere die der wissenschaftlichen Erkenntnis und der logisch notwendigen Wahrheit; gewöhnlich wird sie als Zweig der Philosophie aufgefaßt. Für Piaget stellt die Epistemologie ein wissenschaftliches, insbesondere psychologischer Forschung zugängliches Problem dar.

Erhaltung – Die Aufrechterhaltung einer Struktur als einer Invariante bei äußeren Veränderungen bestimmter Aspekte. Die Stabilität eines objektiven Merkmals ist niemals einfach gegeben, sie wird von der lebenden Organisation konstruiert. Erhaltung impliziert daher ein internes Regulationssystem, das externe Veränderungen intern zu kompensieren vermag.

Erkenntnis – Die Strukturierung des Verhaltens als eines Austauschs zwischen Organismus und Umwelt. Verhalten impliziert auf jeder Ebene ein gewisses Maß an Erkenntnis über die Umwelt auf seiten des Organismus. Allgemeine objektive Erkenntnis ist identisch mit Intelligenz.

Feld-Effekte – Perzeptuelle Phänomene, die bei einer einzigen Zentrierung des Sinnesorgans auftreten. Sie lassen sich als Grenzfälle perzeptueller Aktivitäten auffassen.

Figurative Erkenntnis – Erkenntnis, die sich in einer statischen Weise auf den externen, figuralen Aspekt eines Ereignisses bezieht; sie ist eng an eine besondere Akkommodation gebunden, wie sie sich in Wahrnehmung, Nachahmung, innerem Bild, Gedächtnis manifestiert. Figurative Erkenntnis läßt sich nur innerhalb eines Bezugsrahmens operativen Erkennens denken.

Formale Operation – Ihre typischsten Manifestationen finden sich im propositionellen Denken und einem Kombinationssystem, das das Wirkliche als eine von vielen hypothetischen Möglichkeiten auffaßt. Formale Operationen sind charakteristisch für die zweite und die Endstufe der operationellen Intelligenz, die durch die Elaboration formaler »Gruppen«-Strukturen die konkreten Operationen »reflektiert«.

Gedächtnis – Im engen Sinne: aktive Erkenntnis, die sich auf eine bestimmte Vergangenheit bezieht; Evozieren und Wiedererkennen implizieren an sich selbst kein Gedächtnis. Im weiten Sinne heißt Gedächtnis die Verfügbarkeit einer Erkenntnis und drückt bloß die Tatsache aus, daß die Erhaltung eines Planes gleichbedeutend ist mit seiner Funktion.

Imitation, Nachahmung – Die figurative Übereinstimmung (Entsprechung) motorischer Aktivität mit einem externen Ereignis. Die Nachahmung hat drei Stufen: (1) senso-motorische Nachahmung, mit perzeptueller Akkommodation identisch, (2) verschobene Nachahmung (Gebärde) in Abwesenheit des Vorbilds, der Beginn der Symbolbildung, (3) internalisierte Nachahmung, das innere Bild.

Inneres Bild – Die interne Repräsentation eines externen Ereignisses. Das innere Bild ist ein Produkt der Symbolfunktion, folglich eines der Intelligenz in ihrer Gesamtfunktion; es ist nicht eine bloße Spur passiver Wahrnehmung.

Intelligenz – Im weiten Sinne die Gesamtheit möglicher Koordinationen, die das Verhalten eines Organismus strukturieren. Betrachtet man Intelligenz als eine Totalität, so charakterisiert sie eine bestimmte Stufe, die durch formale, reflektive Abstraktion aus den praktisch vollzogenen Koordinationen einer vorausgegangenen Stufe entstanden ist. In einem engeren Sinne ist sie auf operationelle Intelligenz eingeschränkt, manchmal einschließlich der späteren Stufen der senso-motorischen Periode.

Interiorisation – Die schließliche Ablösung (Dissoziation) der allgemeinen Form einer Koordination vom besonderen Inhalt eines externen Verhaltens. Interiorisation führt von »praktischer« zu operationeller Intelligenz und ist die Vorbedingung für objektive Erkenntnis ebenso wie für symbolische Repräsentation.

Internalisation – Die schließliche Abschwächung externer Bewegungen, die verdeckt und unvollkommen werden – wie in der Nachahmung und der Sprache. Internalisation führt zu inneren Symbolen; sie muß von der Interiorisation unterschieden werden. Piaget gebraucht gewöhnlich für Interiorisation *und* Internalisation das eine französische Wort *intériorisation*. Englische Autoren verwenden abwechselnd beide Wörter, obwohl sie gewöhnlich Internalisation meinen.

Konkrete Operation – Merkmale der ersten Stufe der operationellen Intelligenz. Eine konkrete Operation impliziert zugrunde liegende allgemeine Systeme oder »Gruppierungen« wie Klassifikation, Reihenbildung, Zahl. Ihre Anwendbarkeit ist auf reale (konkrete) Objekte begrenzt.

Konzept (Begriff) – Im logischen Sinne: eine innere Konstruktion des generalisierbaren Aspekts eines erkannten Gegenstandes; es hat eine Intension (oder Komprehension), die die Frage nach seinem Wesen, und eine Extension, die die Frage, welche Gegenstände Exemplar des Konzepts sind, beantwortet. In psychologischem Sinne ist ein Konzept mit der inneren Struktur oder dem internen Plan eines Individuums identisch und entspricht der Ebene jener Struktur (z. B. »praktisches« Konzept, »praktischer« Begriff). In seinen sprachlichen Manifestationen ist ein Konzept ein verbalisierter Ausdruck eines logischen Konzepts zusammen mit seiner verbalisierten Komprehension; indes, dem logischen Konzept als solchem ist die sprachliche Verkörperung äußerlich.

Koordination – Die funktionelle Anpassung oder die einheitstiftende

Form für die Elemente eines Verhaltens, insbesondere eines externen Verhaltens, obwohl sie nicht auf es begrenzt ist; impliziert eine aktive interne Struktur.

Lernen – Im engen Sinne ist Lernen der Erwerb von Erkenntnis, die auf besondere – von der Umwelt bereitgestellte – Informationen zurückgeht. Lernen läßt sich nicht ohne eine theoretisch frühere innere Struktur der Äquilibration denken, die das Vermögen zu lernen sowie die Strukturierung des Lernprozesses bestimmt; im weiten Sinne umfaßt Lernen beide Faktoren.

Logik – Als ein formalisiertes System kann die Logik zur Beschreibung der Strukturierung dienen, die sich im intelligenten Verhalten spontan manifestiert. Von der inneren Konsistenz und Notwendigkeit logischer Urteile hängt unsere intellektuelle Zustimmung ab. Zwischen reifen logischen Formen und prälogischen Strukturen des frühen Verhaltens besteht eine ununterbrochene genetische Beziehung.

Logischer Positivismus – Eine philosophische Ansicht, die behauptet, daß Logik und abstrakte Intelligenz in erster Linie von richtiger Formalisierung und richtigem Sprachgebrauch abhängen. Der logische Positivismus ist eine Modifikation des Empirismus, der in der Sprache die Quelle der logischen Intelligenz sieht.

Nachahmung – siehe Imitation

Objektbildung – Der Plan des konstanten Objekts ist die erste und allgemeinste Invariante, die den Beginn der Objektivation bildet: das Vorhandensein eines von den Verhaltensakten des Kindes unabhängigen Dinges »da draußen«. Objektiv gegebene Realität ist nicht in der Umwelt als solcher vorhanden. Die Objektbildung steht an der Schwelle der operationellen Intelligenz.

Operation – Im engen Sinne: das interiorisierte generalisierbare Verhalten der reifen Intelligenz; eine Operation impliziert eine Struktur, durch die (1) das resultierende »Erkennen« nicht – wie in der senso-motorischen Intelligenz – exteriorisiert werden muß und (2) eine Operation reversibel ist, d. h. sich in umgekehrter Richtung bewegen und somit ihre eigene Aktivität negieren kann. Im weiten Sinne wird operationell hier so gebraucht, daß es präoperationelle Akte ein- und senso-motorische Akte ausschließt. *(Siehe auch* Formale Operation; Konkrete Operation)

Operativität – Im Gegensatz zu figurativer Erkenntnis bedeutet sie den aktiven Aspekt der Intelligenz auf allen Ebenen, einschließlich der senso-motorischen Intelligenz. Operativität ist der – grundlegende und generalisierbare – strukturierende Aspekt der Intelligenz, sofern Erkennen Konstruieren, Transformieren, Inkorporieren etc. heißt.

Organisation – Der allgemeinste Ausdruck der Form eines biologischen Organismus, eine Totalität, deren Elemente aufeinander und auf das Ganze bezogen sind, wobei die Totalität ihrerseits auf eine umfassendere Totalität bezogen ist. Die Funktion des Organismus verleiht der Organisation ihren Inhalt. In der biologischen Organisation finden alle biologischen Phänomene, einschließlich Intelligenz und Evolution, ihre letzte Erklärung. Eine Organisation verfügt über innere Regulationsmechanismen.

Perzeption, Wahrnehmung – Eine Erkenntnistätigkeit, die sich auf die unmittelbar gegebenen Sinnesdaten bezieht.

Perzeptuelle Aktivität – Regulationen der Sinnesorgane bei der Wahrnehmung; das Koordinieren sukzessiver Zentrierungen. Perzeptuelle Aktivitäten gleichen gewöhnlich die momentanen Verzerrungen der Zentrierung aus, sind somit Teil der operativen Intelligenz.

Plan (Schème) – Die interne allgemeine Form einer spezifischen Erkenntnistätigkeit, häufig, aber nicht ausschließlich, in bezug auf senso-motorische Intelligenz gebraucht. Der generalisierbare Aspekt koordinierender Akte, die auf analoge Situationen angewandt werden können. Operationen sind nichts anderes als die allgemeinsten Pläne der operationellen Intelligenz. – Pläne werden zu Strukturen oder Plänen höherer Ordnung miteinander koordiniert. (Piaget unterscheidet »Plan« (schème) von dem Begriff »Schema« (schéma), der einen repräsentationalen Umriß, ein figuratives Modell meint. Ein Schema bezieht sich auf eine figurative Akkomodation oder auf ein Symbol; Plan auf Operativität.)

Präoperationell – Häufig gebraucht, um die Periode zwischen der senso-motorischen Stufe und der Ausbildung der ersten Operationen im strengen Sinne zu bezeichnen. Die präoperationelle Periode bildet die Vorbereitungszeit für die Stufe der konkret operationellen Intelligenz; sie ist durch das Verzerrungen bedingende Angewiesensein auf symbolische Unterstützung, d. h. durch Egozentrismus, charakterisiert.

Reflexion – *siehe* Abstraktion, formale oder reflektive

Reifung – Vom Alter abhängige biologische Veränderungen im anatomischen und physiologischen System, sofern sie die Entwicklung des Verhaltens determinieren.

Repräsentation – Im strengen Sinne heißt »repräsentieren« »etwas nicht Gegenwärtiges gegenwärtig machen« – wie z. B. in einem inneren Bild oder im symbolischen Spiel. In einem etwas unangemessenen und irreführenden Sinne spricht man von der Erkenntnis oberhalb der senso-motorischen Stufe, insofern sie nicht mehr ausschließlich an externe Akte gebunden ist, als von »repräsentationaler« Erkenntnis.

Reversibilität – Die Möglichkeit, einen bestimmten inneren Akt auch in umgekehrter Richtung zu vollziehen. Ihre beiden Hauptformen sind Negation (nicht männlich = weiblich) und Reziprozität (nicht besser = schlechter). Reversibilität ist das Kriterium einer zugrunde liegenden operationellen Struktur.

Schema – *siehe* Plan

Senso-motorisch – Der für die erste Stufe der Intelligenz charakteristische Erkenntnismodus, in dem die Form des Erkennens an den Inhalt spezifischer Sinnesdaten oder motorischer Akte gebunden ist. Dieser Erkenntnismodus wird auch als praktische Intelligenz bezeichnet.

Signal – Ein Signal ist ein Ersatzstimulus, auf den der Organismus reagiert, ohne das bezeichnende Zeichen vom Signifikat zu unterscheiden. Es ist daher ein undifferenziertes Element einer Gesamtsituation, und die Reaktion bezieht sich auf diese Gesamtsituation, nicht auf das Signal als solches. Dem Signalverhalten entspricht die senso-motorische Intelligenz, z. B. in der Konditionierung, im perzeptuellen Wiedererkennen, im assoziativen Lernen. Ein Signal wird auch als ein Indikator bezeichnet.

Signifikator, Signifikat – *siehe* Zeichen

Spiel – Als ein symbolisches Instrument drückt das Spiel das Erkenntnisvermögen des Kindes aus, das Dinge oder Gebärden symbolisch – d. h. nicht an ihre eigentliche Funktion angepaßt, sondern an die egomotivierte repräsentationale Aktivität des Kindes assimiliert – benutzt.

Sprache – Das natürliche, gesprochene (und gehörte) Symbolsystem der Kommunikation in einer Gesellschaft. Eine der Manifestationen der Symbolfunktion. Sprache wird genauso wie jedes andere Symbolverhalten erworben und benutzt; die Intelligenz beeinflußt sie in erster Linie indirekt durch die edukative Wirkung der Gesellschaft.

Struktur – Die allgemeine Form, das Aufeinanderbezogensein der Elemente innerhalb einer organisierten Totalität. Struktur ist in vielen Fällen identisch mit: Organisation, System, Form, Koordination.

Stufen – Aufeinander folgende Entwicklungsperioden der Intelligenz. Jede Stufe ist durch eine relativ stabile Allgemeinstruktur charakterisiert, die früher entwickelte Strukturen in einer höheren Synthese verbindet; spätere Strukturen nehmen frühere Strukturen in sich auf. Die intellektuelle Entwicklung hängt vor allem von der normalen Folge stufenspezifischer Aktivitäten ab, nicht vom Alter.

Symbol, Symbolfunktion – Ein Symbol ist ein Zeichen, das von seinem Signifikat unterschieden ist. Die Symbolfunktion ist das Vermögen des Individuums, ein Symbol zu konstruieren oder zu produzieren, um das, was das Individuum erkennt und was nicht präsent ist, zu repräsentieren. Jedes – erzeugte oder verstandene – Symbol setzt daher die konstruktive Tätigkeit des operationellen Denkens voraus und hängt von ihm ab; umgekehrt sind Operationen nicht immer auf Symbole angewiesen. Während ein Signal das externe Ereignis in einer undifferenzierten Weise bezeichnet, bezeichnet das Symbol (»bezieht sich auf«) das Ding-als-erkanntes. Piaget beschränkt die Bedeutung des Wortes »Zeichen« auf sprachliche oder andere konventionelle Symbole und die des Wortes »Symbol« auf einen ichbeteiligten Signifikator; die symbolische Funktion hat er kürzlich neu als die »semiotische Funktion« benannt, um anzudeuten, daß in dieser Funktion auch das enthalten ist, was er Zeichen nennt.

Transformation – Als externe Transformation: die ständig sich verändernde äußere Welt. Als interne Transformation: das Invarianten konstruierende Erkennen, vermittels dessen externe Veränderungen intern kompensiert werden können. Operationen sind auf eine Invariante bezogene innere Transformationen und führen daher zu einem objektiven Verständnis äußerer Veränderungen.

Verhaltensakt – *siehe* Aktion, Akt

Wahrnehmung – *siehe* Perzeption

Zeichen (Signifikator, Signifikat) – Ein Ereignis, das – wie sich in der Verhaltensreaktion, die es hervorruft, zeigt – die Stelle eines anderen Ereignisses einnimmt. Ein Zeichen ist ein Signifikator und weist als solches auf ein anderes Ereignis – das Signifikat – hin. Zeichenverhalten zerfällt in zwei getrennte Kategorien, je nachdem, ob der Organismus auf das Zeichen qua Signal oder qua Symbol reagiert.

Zentrierung – In der Wahrnehmung: die Konzentration auf einen spezifischen Teil eines Stimulus; im allgemeinen: eine subjektive Konzentration auf einen Aspekt einer bestimmten Situation, die eine Verzerrung der Objektivität zur Folge hat.

Hans G. Furth
Intelligenz und Erkennen
Die Grundlagen der genetischen Erkenntnistheorie Piagets
Mit einem Geleitwort von Jean Piaget. Aus dem Englischen von
Friedhelm Herborth. 376 Seiten.

Was ist Intelligenz? Diese Frage wird, seit es intelligente Wesen gibt, immer von neuem gestellt; aber es hat lange gebraucht, bis sie nicht nur intuitiv und reflexiv beantwortet, sondern mit empirischen Methoden angegangen wurde. Hier ist wohl in erster Linie Jean Piaget zu nennen, der zusammen mit seinen Mitarbeitern vom Internationalen Zentrum für genetische Epistemologie in Genf in den letzten Jahrzehnten eine Fülle von Einzeluntersuchungen über die verschiedensten Probleme der Entwicklung von Wahrnehmen, Urteilen, Denken bis hin zum wissenschaftlichen Erkennen vorgelegt hat. Manches von diesen neuen Ergebnissen der genetischen Erkenntnistheorie ist in das öffentliche Bewußtsein eingedrungen, aber der wachsenden Popularität Piagets entspricht kein angemessenes Verständnis seiner wichtigsten theoretischen Begriffe und Problemstellungen. Diesem Mangel will das Buch von Furth abhelfen. Es ist, wie Piaget selbst in seinem Geleitwort beteuert, eine glänzende Zusammenfassung seiner Forschungen und Theorien und erfüllt damit ein wirkliches Bedürfnis.

Suhrkamp Verlag Frankfurt/Main

Theoretische Anthropologie, Psychologie und Ethologie in der ›Theorie‹-Reihe

Herausgegeben von Jürgen Habermas, Dieter Henrich und Jacob Taubes

Bennett, Jonathan
Rationalität. Versuch einer Analyse.
Aus dem Englischen von Richard Kurse. 1967. 152 S.

Bernfeld, Siegfried
Sisyphos oder die Grenzen der Erziehung.
1967. 156 S.

Bernfeld / Reich / Jurinetz / Sapir / Stoljarov
Psychoanalyse und Marxismus. Dokumentation einer Kontroverse.
Einleitung von Hans Jörg Sandkühler. 1970. 315 S.

Bilz, Rudolf
Die unbewältigte Vergangenheit des Menschengeschlechts.
Beiträge zu einer Paläoanthropologie.
1967. 276 S.

Erikson, Erik
Identität und Lebenszyklus. Drei Aufsätze.
Aus dem Amerikanischen von Käte Hügel. 1966. 224 S.

Evolution und Verhalten.
Herausgegeben von Anne Roe und George Gaylord Simpson.
Aus dem Amerikanischen von Kirsten Bergerhoff. 1969. 264 S.

Furth, Hans G.
Intelligenz und Erkennen.
Die Grundlagen der genetischen Erkenntnistheorie Piagets.
Aus dem Englischen von Friedhelm Herborth. 1972. 376 S.

Goffman, Erving
Stigma. Über Techniken der Bewältigung beschädigter Identität.
Aus dem Amerikanischen von Frigga Haug. 1967. 180 S.

Levita, David J. de
Der Begriff der Identität.
Aus dem Englischen von Karin Monte und Claus Rolshausen.
1971. 262 S.

Lorenzer, Alfred
Zur Begründung einer materialistischen Sozialisationstheorie.
1972. 160 S.

MacIntyre, Alasdair C.
Das Unbewußte. Eine Begriffsanalyse.
Mit einem Abriß »Freuds Theorie« von Richard S. Peters.
Aus dem Englischen von Gudrun Sauter. 1968. 140 S.

Medawar, P. B.
Die Einmaligkeit des Individuums.
Aus dem Englischen von Kurt Simon. 1969. 202 S.

Ribeiro, Darcy
Der Zivilisatorische Prozeß.
Herausgegeben, übersetzt und mit einem Nachwort
von Heinz Rudolf Sonntag. Anhang: Ein Gespräch zwischen
D. Ribeiro und H. R. Sonntag. 1971. 286 S.

Schizophrenie und Familie.
Beiträge zu einer neuen Theorie von: J. Bateson, D. D. Jackson,
Th. Lidz, H. F. Searles, L. C. Wynne u. a.
Aus dem Englischen von Hans-Werner Saß. 1969. 424 S.

Strauss, Anselm L.
Spiegel und Masken. Die Suche nach Identität.
Aus dem Amerikanischen von Heidi Munscheid. 1968. 195 S.

In Vorbereitung